为善至乐

——记王利

郭小毅　张楠◎著

中国广播影视出版社

图书在版编目（CIP）数据

为善至乐 : 记王利 / 郭小毅，张楠著. -- 北京 : 中国广播影视出版社，2024.10
ISBN 978-7-5043-9197-1

Ⅰ. ①为… Ⅱ. ①郭… ②张… Ⅲ. ①王利—传记 Ⅳ. ① K828.9

中国国家版本馆 CIP 数据核字（2024）第 031706 号

为善至乐
——记王利

郭小毅　张楠　著

责任编辑	王丽丹
封面设计	盈丰飞雪
责任校对	龚　晨

出版发行	中国广播影视出版社
电　　话	010－86093580　010－86093583
社　　址	北京市西城区真武庙二条9号
邮　　编	100045
网　　址	www.crtp.com.cn
电子信箱	crtp8@sina.com

经　　销	全国各地新华书店
印　　刷	北京亚通印刷有限责任公司

开　　本	787 毫米 × 1092 毫米　1/32
字　　数	180（千）字
印　　张	7
版　　次	2024年10月第1版　2024年10月第1次印刷

书　　号	ISBN 978－7－5043－9197－1
定　　价	70.00 元

1978 年，王利和张彦廷的结婚登记照

1971 年，王利参加工作第一年，在中央广播事业局（今为国家广播电视总局）大楼前留影纪念

1984 年，小宇和爷爷在大观楼合影

1984 年，王利与儿子小宇在北海滑冰场留影

1985 年，王利出差留影

王利母亲在自家房屋前留影

王利父亲年近 80 岁时爬长城时留影

王利大爷在房屋前留影

王利儿子小宇与李雪健老师拍摄戒烟广告

小宇拍摄《跟我学》片段

全家福

全家福

王利与朋友们合影。前排左起分别是段永平（步步高公司董事长）、沈炜（vivo 创始人）、陈明永（OPPO 创始人）

王利（右）与段永平（左）合影

王利 50 岁生日时与家人、朋友的合影（从左至右分别为：王宁、邢质斌、张彦廷、王利、罗京）

全家福。从左到右分别为：
王利大妹王淑英、王利、
二哥王顺、四弟王富、二
妹王淑芹

2020 年，王利家族合影（照片中共有 27 人，实有 50 人）

王利家族合影

人生处处是修行

　　王利是我多年的同事，也是我多年的朋友。当初他跟我说要出一本书的时候，我没有嘲笑的意味，但我是反对的。在我的认知里，王利是个普通人，出书这个事跟普通人还是有些距离的。作为他的二姐、好朋友，我不赞成他出这本书。我知道，当我说"王利你不适合出书"的时候，虽然他没有表示出什么来，但心里应该是不高兴的。

　　于是，关于写书的事就暂且放在了一边。

　　作为朋友，我们还是经常会在一起。在一起的时候，王利也会或多或少地讲起一些他以前的故事，有些是我知道的，大部分是我不知道的或了解得不深入的。于是，我感觉王利对出书这件事，是一直放在心上的，他有意无意间讲述的这些事，或许就是这本书内容的一部分。

　　有一天，王利突然说他是王阳明的后代，我当时心想："吹牛吧！王阳明的心学你懂吗？"可后来把他说起的几件事串起来，还真有"知行合一"的意思。王利断断续续地讲过

为善至乐
——记王利

工作中的邢质斌

几次他的童年，跟我的童年也挺相像的，有那个时代共同的印记。不同的是，他的大爷和他的父亲——王利生命中最重要的这两个人，对他的一生影响之深刻，令人动容。像"吃亏是福""钱和人比，永远排第二""不是我的，一分也不要""不给别人添麻烦"等朴素的精神追求，放在现在这个时代是多么的弥足珍贵。王利其实是个普普通通的人，像绝大多数人一样，从一个农村娃走到现在。而之所以又显得不同，就是因为他实实在在地将这些朴素的精神品质，真正地体现在他的行为中。

其实这一点是很难做到的。人生是一场旅行，也是一场修行，修身立德，止于至善。虽然他的行善不是那么轰轰烈烈、感人泣下，但真实、温暖而感动。能吃亏行善一辈子，已然不易，而在经历艰难的时候还能这样做，那真是"大智若愚"了。

上善若水，为善至乐。"善"这东西，是一个人最高贵的品质、最强大的能量，王利之所以要出这本书，我想，原因就在此吧。能一辈子真正做到善念善行的人，毕竟还是为数不多的。

也许是对书的内容有了新的了解，也许是王利专门花心思"不经意间"向我讲述了写这本书的缘由，也不知怎的，不知不觉间我感觉这还是一本挺有价值的书，也是一本值得一读的书。尤其是在当前这种环境下，普通人身上的努力、挣扎与困惑，让我想到了很多。我觉得，普通人王利写的这些普通的事，似乎跟我们身边的小事都有一定的联系。人生处处是修行，越到艰难处，越是修行时。

所以有一天，我问王利："你书写得咋样了？"他说："书写得不咋样，但是终于要完成了。"于是，我自告奋勇地说："那我给你写个序吧！"

我的朋友王利是个普通人，但有着不普通的地方。普通人王利写的书，普通人读读会很有收获、很有共鸣；我想，不普通的人读了，应该也会有所启发、有所思考。这，就是本书的价值所在。

邢质斌

2022 年 8 月于京

目　录
CONTENTS

第三章　跨过人生的几道关 / 56

第四章　岁月无情人有情 / 77

第五章　播撒为善的种子 / 94

第一章　土窝窝里长出的好苗子

> 王利父亲语：吃亏得忍着，吃亏是福。钱和人比，永远排第二。喝凉酒，使官钱，终究是病。
>
> 王利大爷语：吃苦受累要走在前头。

第一节　家族缘起

20世纪90年代初，有位先生对王利说："你姓王，又是王阳明的后人，凡做人，在心地。可以说，这是王阳明的信仰和家法，也是你今后人生轨迹的主流。你名利，也应了王阳明家训之一'毋贪利'的古训，人人必须有利才可生存，但这里有一个明辨是非的态度问题。在心安之下所获取的利才是正确的利，心不安所获取的利就是贪利，因此你要一生存于心的就是'良知'。"

从王利的前七十年纵观其一生，"孝悌"，他做到了，无论是对待父辈，还是兄弟姐妹，他做得比一般人都要有高度，有情怀。"至诚"二字他也做到了，他做到了真心实意对待每一件事、每一个人，没有违背良知去贪利，"利而不害""言而人莫不信，行而人莫不悦"。"孝悌""至诚"是王阳明家训的核心内容，也是王利身上最闪光的东西。"为善"二字也是他生命中熠熠发光的东西，他把帮人、助人作为一种"自得"，认为"为善至乐也"。

王利的祖籍是浙江省绍兴府余姚市大王庄村。自古以来，绍兴就是物华天宝、人杰地灵之地，"心学集大成者"王阳明的祖籍就是绍兴。在王利家族保存得不是很完整的家谱上，可以看到王利是王阳明的第二十三代玄孙。

王守仁（1472—1529），浙江余姚人，字伯安，因曾筑室于会稽山阳明洞，自号阳明子，世称阳明先生，故又称王阳明。谥文成，故后人又称王文成公。中国明代最著名的思想家、哲学家、文学家和军事家，心学之集大成者，精通儒家、佛家、道家。弘治十二年（1499）进士，历任刑部主事、贵州龙场驿丞、庐陵知县、右佥都御史、南赣巡抚、两广总督等职，晚年官至南京兵部尚书、都察院左都御史。因平定宸濠之乱，正德十六年（1521）被封为新建伯，隆庆二年（1568）追赠新建侯。

王阳明"文武双绝"。文的方面，"儒""释""道"三教合一后开宗立派创立心学，成为明代影响最大的哲学思想，并传至日本、朝鲜半岛及东南亚，立德、立言、立功于一身，其在世时弟子极众，已超万人，世称姚江学派，著有《王文成公全书》，其《传习录》被国学大师钱穆归为七本中国人必读的书之一。武的方面，王阳明1516年任职南赣巡抚时用一年时间荡平山匪，1519年仅用43天就平叛了南昌宁王朱宸濠之乱，一生从无败绩，《明史》评价："终明之世，文臣用兵制胜，未有如守仁者。"

所以历史上评价王阳明："文能提笔安天下，武能上马定乾坤。"在中国，后世杰出人物徐阶、张居正、曾国藩、胡林翼、梁启超、郭沫若等莫不以他为榜样，国学大师钱穆这样评价：
"中国 500 年来最杰出的哲学家、思想家，自阳明先生以降，无
出其右。"著名教育家陶行知因受阳明的"知行合一"思想影响
而改名（陶行知先生原名陶文浚，1912 年另取"陶行知"，1934
年发表《行知行》公开宣布改名为"行知"）。

早在明朝，王氏家族的一支为谋生路北上迁往京城，也
就是现在的牛栏山大孙各庄村。大孙各庄村始建于明代。明朝
初年，一位张姓将领为躲避朱元璋的杀戮，辞官归隐于此。张
姓将领修建的张家坟冢所栽的松树枝繁叶茂，因此得名"松各
庄村"。明万历二十一年（1593）又称"孙各庄"；到了清光绪
三十四年（1908），此地人口激增，遂称"大孙各庄"。

从王利家族的家谱来看，王家的确出了不少才俊，可谓人
才济济，英雄辈出，有状元、进士、翰林，其中殿试一甲一人，
二甲两人。至六世祖王心通时，"承袭伯爵"，整个明代都是贵
胄之家，家世显赫。后来，清军入关，王氏家族走向衰落。这
可以从简单记载的族谱中透露出一些端倪，后面的几代只记有
名字，既无官职，也无职业，更无事迹。

到了民国时期，战乱频仍，又加上连续的自然灾害，雪上
加霜，一场百年不遇的大洪水使王氏家族几乎遭受灭顶之灾，
一夜之间，房无一间，地无一垄。王氏家族不得不四处飘零，
各自逃荒以谋生路。其中一族被迫迁至北军营村。他们在那里
举目无亲，过着"串房檐"的寄人篱下的生活。后来稍微安定，
王氏家庭才又互通音信，加强了联系。

王利的家庭十分贫困，但是贫困并没有让王利自轻自贱，
他通过努力，在之后的生活、求学、工作上都闯出了一片天地。

虽然后来王利的事业取得成功，个人的命运发生改变，但
他没有忘记曾经帮助过他的人，他没有忘记感恩党、感恩祖国，

没有忘记助人于困、回报社会。

第二节　刻骨铭心的启蒙教育

王利说："我今天的一切都离不开家庭对我的启蒙教育。"

王利一家共九口人。说起家庭成员时，王利常带着骄傲的口吻说："我大爷一生未娶，一直和我们全家住在一起，帮着父亲养这个家，拉扯着我们兄弟姐妹六人。我们兄弟姐妹虽然物质贫困，但精神上是非常富有的，因为我们有两个父亲养育着、心疼着、关心着。"

王利口中的大爷其实指的是他的大伯，大爷没结婚，没有子嗣，一直和王利一家共同生活，和王利父母共同养育着六个孩子。那时的农村，在继承血统的问题上，还坚守着中国古老的传统：绝弟不能绝兄，绝小不能绝大。所以，王家的第一个男孩，也就是王利的大哥，从小就过继给了大爷，成为长房长孙，在家里是有特殊地位的。但是照习俗这种情况不能分家，所以王利全家就有九口人。

大爷一生省吃俭用，把所有的收入都用在几个孩子的身上，为他们的成长操碎了心。

"人生的幸福我是充分感受到了。"王利聊起幼时生活的场景，露出得意的神色，放声而笑。

王利犹记得，大爷在生产队当饲养员时，每天晚上都要为牲灵炸一锅豆子，拌在草料里。烧火用的柴火有剥过玉米的棒子、豆荚、高粱秆等，从豆秆儿豆荚里寻找残留的豆子，居然一冬天能捡出一斗。那个时候粮食紧缺，按理说应归自己，大爷却一颗也没往家里拿，全喂了牲灵。这说明大爷一心为集体，公私分明，公家的便宜一点也不占。王利说："我们这个社会就需要这种精神。"大爷为人处世公私分明、热爱集体的高尚品格，影响了王利的一生，这种品格也是王利日后做人做事的标杆。同时王利也从大爷对待牲灵如"孩子"般的疼爱中，感受到了平等和尊重的力量，这对王利的仁义性格也产生了深远影响。

那个年代挣工分，年底关饷，大爷能挣100元。另外，他给牲灵割草，一斤三分钱，一年也能挣100元。但他自己一分钱也舍不得花，全都用在几个孩子身上。王利的父亲常对几个孩子说："以后你们长大了，一定不能让你们大爷受罪！"大爷盖的被子又黑又硬，就是舍不得重新做一套，他宁可委屈自己，也不想让孩子们受苦受罪。王利一说这事就泣不成声，因为他太了解大爷了，他有很长时间跟大爷住在饲养场，跟大爷睡在一个被窝里，土炕烧得热乎乎的，王利的心比炕还热乎。王利上大学后，一次放假回家，大爷隔老远就在村口等他，把王利叫到他那里吃顿饭，吃油炸饼。那时候每个月才分半斤油，大爷自己舍不得吃，全都拿来给王利炸油饼。王利怎么能不记一辈子，怎能不感恩一生？

家乡的食物就是我们的情感坐标，年纪越大，越想把这家乡的味道带在身边。儿时的味蕾会引起回忆，触碰我们内心的柔软。

王利回学校的时候，大爷会一直把他送到车站，送上车。车都开了，王利回头一看，大爷还站在那里。王利赶紧从窗口回头看，大爷向他挥手，嘴里喊着："好好的啊，好好的！"每当这个时候王利就泪如雨下，埋头痛哭。

王利珍惜每次与家人团聚的机会，珍惜每一次在亲情的温暖里徜徉的时刻。

1987 年，大爷病了。王利赶回家要拉他到城里看病，但大爷这个人不愿意麻烦任何人。王利耐心地劝道："大爷，您一点儿都不给我添麻烦，我开车拉上您去转一转，不下车行不行？"大爷说："我不去，以后再说吧，北京我也去过。"王利问："啥时候去过？"大爷说："61 年前。"王利又说："61 年前跟现在不是一个北京了，变化可大了，咱们就在车上看，咱不下车不行吗？"但大爷说啥都不去。

每次和大爷在一起，王利都觉得："真好啊，又能和大爷聊一聊了。"

大爷虽然平凡，但大爷的灵魂是伟大的。孩子善于模仿，这是孩子的天性。家庭教育应该做到：家长成为榜样，孩子效仿家长。这才是家庭教育的力量。长辈把事情做到位，后辈看着办，长辈不告诉后辈该怎么做，因为行动是无声的榜样，永远最深入人心。

"大爷虽贫穷，却把最好的一切都给了我。"很长时间里王利一提起大爷就情不自已、泣不成声。

大爷去世前，把王利的哥哥叫到床前，交代道："你是家里的老大，跟兄弟相处时要记得吃苦受累走在前头，跟乡亲们相处也是这样。"这就是大爷的境界。当时王利不在，这些话是后来大哥告诉他的。王利说："这话对我们的影响非常深远，我会把这些话往后传，这就是大爷的本色。"

一个人从小受到的家庭教育，在他身上会刻下深深的烙印，家庭教育决定了一个人进入社会后，对待社会、对待周围环境的态度，也决定了他对待别人的态度。

冯友兰有句名言："人生三件事：立言，立功，立德。立言靠天赋，立功靠机缘，立德靠一生。""立德靠一生"这就是大爷的真实写照，"吃苦受累要走在前头"，也成为王利的价值遵循。

"没有真正的需要，就没有真正的快乐。"尽管童年家徒四壁，缺衣少穿，但童年的笑声依然穿透湛蓝的天空，回响在田野、丛林、峡谷中。七十多年过去了，王利觉得那些笑声还时不时地在耳畔回响。大爷和父亲、母亲的举手投足、音容笑貌，经常在王利眼前晃动。

王利记得麦子、玉米成熟时，为了赶在雨季来临前抢收，父亲和大爷他们顶着烈日，冒着酷暑，汗流浃背地劳作，真是"一滴汗能摔成八瓣"。王利眼前经常浮现他们辛苦劳作的场景，每次只要一想起他们为了这个家所付出的心血，王利内心就久久难以平静。

数九寒冬、地冻三尺、雪花飘舞的时候，地里没法再干活了，孩子们也放假了，大人小孩就坐在热炕上避寒。王利的父亲看着一家老小，安然地抽着旱烟。他吸烟的时候，烟锅子露出了红光，映着他黑红的带点粗糙的脸，眼神里露出少有的满足感。王利父亲高兴的时候，就给孩子们讲一讲祖上的故事，讲一讲口口相传的王阳明。在那个时代，知道王阳明的人不多，王利的父亲也只是知道一些简单的事迹和流传下来的家风。王利的父亲吐着烟圈儿，一边歪着头回想着，一边说："王阳明本来叫王守仁，老人们说他是思想家、哲学家、教育家和军事家，历史上人们把王阳明和孔子、孟子并列为古代的圣人。"

父亲说到这里，换了一锅烟叶，把磕在炕沿上还发红的烟灰用粗厚的手指捏起来，塞进烟锅里猛吸几口，烟锅里的小兰花烟丝就都红了起来，他喷了几口烟雾，兴致一下子又提高了许多。那时候他还没见过打火机，火柴也得省着用。他望了

为善至乐
——记王利

望窗外，除了雪花，看不到任何的人影，这样的天气谁还会串门呢？

父亲盘着腿坐在那里，稳重而厚实，有一股不怒而威的神气，脸色微暗而显沧桑，眼睛不大却很有神。王利从小就敬佩父亲的为人处世，但又有一些惧怕，因为他觉得父亲的意志是不可违背的。王利觉得父亲能坐下来和他们讲讲家里的故事是十分难得的，所以父亲的每一句话都在王利的心里留下了深刻的印象。

"诚信是做人的本分""仁义是做事的基础""好汉做事好汉当""吃亏是福，吃亏得忍着""喝凉酒，使官钱，终究是病"等俗语，里面有着王阳明"心学"理念的朴素阐释，蕴含着深刻的人生哲理。不仅要懂，而且要实践，要做到"知行合一"，这是王利不断在领悟和实践的。就拿"喝凉酒，使官钱，终究是病"这句来说，过去，喝酒讲究烫热再喝。喝凉酒对人身体不好，早晚会生病。使官钱，就是不该是你的钱，你拿了，就好比喝凉酒一样，终究会得病。

其实，家长不经意间的一段普普通通的故事，几句简简单单的家传，都有可能影响孩子的一生。似懂非懂的年龄是传承家风最好的阶段。家庭祖上的朴素向善和哲学的思想，在童年王利的心里闪耀着光，似青苗破土而出、向天生长，也似"融冰下的汩汩春水"向东而流。

有人曾说："在家庭中，最大或最小的孩子都可能得到优遇，唯有居中的孩子容易被忘却，但他们往往是最有出息的。"王利在他们家孩子中排行老三，就是最中间最容易被忘却的那个，但也是六个孩子中最有出息的那一个。因为父亲给他上好了人生第一堂课，系好了人生第一颗纽扣。

如果说大爷的性格是内在包容的，那么王利父亲的性格就是豪爽的。王利说："我爸爸为人非常豪爽，在村里人缘特别好，谁家有困难找他帮忙，他都毫不迟疑，真心实意地去帮。比如说别人向他借钱，他没有。要是换了其他人，就直接回绝了，他不，他没有，就靠人缘去给你借，非帮了这个忙不可，绝不让人白张嘴。"

王利小的时候，家里经常来客人，来亲戚。俗话说："穷人怕来客。"那年代要吃的没有，要喝的没有，要啥没啥，就怕来客人。但王利的父亲是个特别热情的人，他不怠慢任何人，客人既然来了，就让客人吃好喝好。没有东西就去借，东家借点面，西家借几个蛋，再买几两酒，边喝边聊天。

王利说别看他的父亲没什么文化，不会讲什么大道理，但他有做人的原则，王利父亲常挂在嘴边的话是："钱跟人比，永远排第二。"

钱永远只是身外之物，永远比不上人的感情。尽管那个时候没有钱，但王利的父亲依然不为钱折腰，依然不会因为钱丢掉感情和气节。虽然只是普通人，却具有深远的境界和格局。

王利长大后才懂得"钱跟人比，永远排第二"的道理。这是做人的基本要求，也是日后王利驰骋商场的利器。

王利继承了父亲的气节，他常对身边的朋友说："人是第一位的，人的感觉是第一位的，钱跟人比永远排不了第一，不要把钱看得太重。"在日常生活中，人们恰恰不容易摆正这个关系，总把钱看成第一位的东西，把人情、亲情排在第二位甚至更后位，把真善美全丢掉了，把人性的丑恶暴露出来了。王利说："我们身边这种人不少，说实话，这种人也难成器，他们会不断散发负能量，影响整个社会正能量的发挥。"

王利说："我们家6个孩子，不管谁往家带什么人，只要到家，全部招待。虽然没多少吃的，但是那种热情会让客人感到非常高兴。"不仅如此，家里来客人了父亲还要求家人到门外迎接，无论刮风还是下雨，无论严寒还是酷暑，大家都会在门外等候客人，客人走的时候也要出门送别，这样的热情，谁能不受感动？谁能不与他结下好人缘？

所谓"帮人帮到底，送佛送到西"。这种优良的家风传承下来，在王家已经形成传统。

王利说："人的成长过程受两方面因素影响：一是家庭教育，二是社会教育，父母、大爷他们把事情做到位了，言传身教，做子女的就知道怎么办了。这种无形的东西，从小对我们几个子女的影响非常大，现在我们6个人一个比一个好，因为父亲老是教育我们，'吃亏是福'，时间长了，吃亏也不觉得别扭。现在我都是有意识地'吃亏'，这样我心里舒坦点儿，否则连觉也睡不着。"

王利的父亲还有一句话："穷忍着，富耐着，睡不着眯瞪着。"

王利说："这也是家教的一部分，我觉得父亲的话充满人生哲理，我从小生长在这样的家庭环境里，父母、大爷没有刻意教育我们，他们是在和亲戚朋友聊天吃饭的过程中，顺带着就给我提供了家庭教育。"

王利接着说："喝凉酒，使官钱，终究是病。这句话从他们的谈吐中随意流露出来，并不是说给我听的，我也不懂，但是他们知道我将来会懂。工作以后我还真懂了，喝酒得烫，公家的钱是国家的，绝不能花；终究是病，就是指灾难。现在有多少人利用职权贪污国家的钱，结果被判刑，再后悔有什么用？我们家的教育是'钱和人比永远排第二'。他们还经常说朋友是第一位的，是说给我听的吗？不是，但是就是有一种无形的教育成分在里面，我在潜移默化中被熏陶着、感染着，说者无心，听者有意，长大后我自然而然就懂了。这就是家庭教育的精妙所在，潜移默化的影响当时看不出来，但这种影响是持续一辈子的。现在的孩子，家长说得太多，你不能一天到晚地对孩子说，'要好好学，要好好读书。'好好学什么？我凭什么好好学？你说得越多，他越质疑，其实只要在关键的时候告诉他一次就够了。"

岁月静好，静水流深。年纪大了，王利开始慢慢懂得这个世界上的感情以及大多数的缘分，某种程度上都是一种轮回。

记得上大学的时候，有一年王利到西安实习一个月，结识了一位西安的朋友，两人相处得不错，周末王利请他到饭馆吃了一顿饭，没想到这位朋友和王利一样，也不喜欢占人便宜，到了下一周就张罗着回请了王利一顿。这样一个月，每人请了两顿饭，谁也没占谁的便宜，按理说这是可以欣然接受的结果。不料几天后，西安的朋友竟然给王利寄来 5 斤白糖，那个时候白糖不好买，是要用供应票的，这个人情王利肯定不能欠，于是他给朋友寄过去 5 元钱，表示深深的谢意，并真切地祝福他："不行春风，难得春雨。愿你生命中有足够多的云彩，来造成美丽的黄昏。"

这个例子也印证了王利从父亲那里学来的、常挂在嘴边的那句话："钱和人比，永远排第二。"

人们常说天有不测风云，人有旦夕祸福。1991 年的冬天，天气格外寒冷，朔风凛冽。再过几天就要过年了，王利的父亲突然得重病，被紧急送往北京的医院，住院后老人出现便血，硬朗的身板扛不住了，因失血过多，脸色惨白。医生虽全力抢救，但病情仍不见好转，医生告诉家属："准备后事吧！趁还有一口气，再打上强心针，赶紧回家，否则怕进不了村。"王利一听如五雷轰顶，哭成泪人，由于伤心过度，几度昏厥。但时间不等人，家人商议决定连夜往回赶。

为善至乐
——记王利

　　王利的同事、朋友听说此事，纷纷赶到王利家，送老人家最后一程。农村的传统是咽气前，必须把寿衣穿好。于是子女们强忍着悲痛，小心翼翼地替父亲脱掉病号服，端来几盆热水，拿来几条新毛巾，用浸湿的热毛巾轻轻地擦拭父亲的身子……父亲的身体被擦洗干净，几个子女拿来放在炕上暖热的棉衣棉裤，小心地给父亲穿上，然后用麻绳把裤腿捆好。这时父亲醒了，嘴角微微嚅动着，子女们将耳朵贴上去，一听是父亲要上厕所。他已经起不了身，孩子懂事地端来了便盆，但父亲一看，艰难地摆了摆手，努力想支起身子往床下挪。一心为人着想的父亲即使已经这样了，仍不愿临死前给人添麻烦，坚决要下地。无奈之下，他们只好把父亲小心地扶起来。但父亲太虚弱了，刚一扶起来就又晕过去了。王利抱着父亲的头大声叫喊："爸，醒一醒！醒一醒！"

　　叫了几声之后，父亲醒了过来，但他的身体已极度虚弱，他微微抬起眼，环顾了一下屋子，看到屋子里来了这么多人，除了自己的子女，其他人有些他之前见过，有些不认识，但他知道肯定都是来看望他的，或是送他最后一程的。他喘了口气，休息了几秒钟，然后用干裂发白的嘴唇对王利说："几点了？还不给人家做饭去？"他用尽最后一口微弱的气息，说完就咽气了。王利的父亲在去世前，心里依然没有想着自己，挂念的还都是别人。老人家走得从容平静，不惧不慌，他这一生没有把生死当成大事，没有把时间白白浪费在无益的事情上，他用一生践行"不给别人添麻烦"的人生信条。他的一生是无悔的、坦然的、澄澈的，也体现了善良人的本色。

　　王利紧紧搂住父亲的身体，号啕大哭。他想父亲一辈子替别人操心、为别人着想，在弥留之际，想的仍然是别人，一辈子从来没有为自己想过，他敬佩父亲，但他更心疼父亲！他恨自己没有在父亲活着的时候，没有在父亲还健康的时候，为父亲多考虑一些，多爱护他一些，多做一些让父亲高兴的事情。王利心痛、心碎，他喊道："父亲啊！为什么不让我为你多做一些啊！我的好父亲，我的心都随您去了啊！"

所有的子女、后人，整整一家人都跪在父亲的身边，放声大哭。王利说："舍不得啊，舍不得！这么多年艰苦的日子都熬过来了，这么多年难忍的委屈都挺过来了，您却匆匆地走了，为什么不多留些时日享享我们子孙后代的福啊！为什么不多和我们讲讲以前的故事啊！为什么不多让我们看您几眼，多为您尽尽孝心啊！您是我们王家的精神支柱啊！"

看到王利的父亲，同事和朋友终于理解了为什么王利这样重情仗义，为什么他这样乐于助人、不求回报。因为王利从他父亲身上学到了很多。王利从父亲那里传承到的精神世界，是他屹立于这个世界、不断攀登人生高峰的不竭动力，也是身边朋友愿意靠近他、接近他的重要原因。

每次听刘和刚唱的《父亲》："有老有小，你手里捧着孝顺，再苦再累，你脸上挂着温馨。我的老父亲，我最疼爱的人，生活的苦涩有三分，你却吃了十分。"王利都会忍不住痛哭一场……

出殡那天，全村老幼自发赶来给父亲送葬，这是对父亲这个人、对父亲这一生最大的肯定，父亲生前的美好品德在这个时候一下子就彰显出来了。一位平凡的人在他的葬礼上，成了一位伟大的人。人虽已去，名声依在。

王利总结了父亲为人处世的原则：一是吃亏是福，二是肯为别人付出，三是永远平等对待所有交往过的人。对别人曾经给过的帮助，无论大小都记在心头，如果有一天有能力回报，就十倍、百倍地回报。他的一生，就靠自己的实际行动来教育

为善至乐

子女。父亲话虽不多，却在王利心里打下了深深的烙印。王利现在依然践行着父亲这三条为人处世的原则，这些原则也成就了他的人生。

母亲的教育对王利也产生了深远的影响。王利说："我母亲的教育简单粗暴，小时候不理解，长大后就懂了。生活的艰辛、过度的劳累使母亲失去了耐心。"20世纪五六十年代的母亲，个个都很辛苦，她们所付出的辛劳、所忍受的痛苦，现在的人有时无法想象。新中国成立后，鼓励生育，所谓"人多力量大"，家家都有几个孩子，多的甚至有十来个。王利家六个兄弟姐妹，加上三个大人，共九口人。这九口人的穿衣问题、吃饭问题，都是王利母亲一个人管，全是手工操作，非常辛苦。其中做鞋最费功夫，工序繁多，而且必须做结实。因为农民一年四季都要到地里干活，鞋不结实，破了或掉底了，你还得做，更费力。除了做鞋，王利的母亲还要做九口人的衣服，她会买最便宜的白粗布，把锅底黑弄下来放在锅里，倒上开水化开，把白布放进去，染成黑色，晒干，反反复复晾染几次就可以做衣服了。王利以前没穿过裤衩、秋裤、背心，袜子就更别说了，冬天他就光身穿棉袄棉裤，裤腿用绳子捆住，腰部也用绳子捆住，要不冷风灌进去会冻坏身体。晚上一脱下来，身上都能留下黑圈，锅底黑沾在身上也不洗就睡了。家里没有取暖设备，买不起炉子，好在土炕是热的。

这些工作还不算完，王利的母亲还要做一天三顿饭。农村生产队发的粮食都带壳，去了壳才能上磨子去推磨，磨成面粉。王利从小就帮着推磨，要磨玉米粉得先把玉米粒从棒子上搓下来，手都搓破皮了。母亲拿一根小棍子，拿一把小扫帚，把玉米粒往碾子上一倒，碾子上有眼儿，用扫帚往眼里扫上点，一边推磨，磨出玉米糙，一边再用簸箕撮起来，倒在磨盘上再磨第二遍，三四遍下来才能吃到玉米面。20世纪70年代末队里才有了电磨，人们才从繁重的劳动中解脱出来。

那时做饭不像现在用天然气。那时全是烧柴火，根本不够用，还得把玉米秆的根刨出来烧，玉米秆的根不容易烧着，满屋子都是烟，对身体也是有害的。每天早上，母亲就在这样的环境下给王利做碗粥，这份辛苦，现在的人谁受得了？一家九口三顿的饭，使母亲累到无以复加，她的耐心早被消磨完了，内心焦躁，无处发泄，这时孩子再惹事，肯定气不打一处来，往往是身边有什么拿起来就打。有一次王利和几个小孩上山偷瓜吃，母亲找到他二话不说抢起棍子就打屁股，棍子比语言更让人长记性，王利以后就再也不敢偷瓜了，而且再也不敢惹母亲生气了。

还有一回，母亲让他看着妹妹别掉在床下，因为王利睡着了，结果妹妹掉到地上，妹妹也没哭，所以谁都不知道。妹妹不会走路，爬着爬着就爬到晾麦场里去了。母亲在东场里干活看见妹妹了，气不打一处来："好家伙，让你看孩子，孩子掉地上都不知道，还爬这么远。"这下可捅大娄子了，母亲提着棍子又嚷又喊，冲进家里来就要打王利。王利一惊，从梦中惊醒，急中生智就从窗口跳出去了，后来大爷赶来劝阻，才免了一顿挨打，但是这件事也让王利长了记性，让他知道没有尽责是要付出代价的。

王利说："如果我后来做成一些事情，除了大爷、父亲的言传身教，也离不开母亲的棍棒。要不老人们常说'不打不成器'，我觉得这话是有一定道理的。"

人的成长离不开家庭教育、学校教育、社会教育，家庭教育是基础，是最根本的。王利庆幸自己有三个影响其一生的家长——父亲、母亲、大爷。他们并没有对王利刻意地说教，而是通过自己的为人处世让王利看到、感觉到，让王利在无意之中学习到。

王利的大爷、父母虽然没有读过什么书，但这并不说明他们没有知识，相反，他们丰富的人生阅历和宝贵的人生经验，使王利从小受到的家庭教育和思想影响是独特的，这也奠定了王利日后为人处世的原则。

荀子说："赠人以言，重于金石珠玉。"

同一片天空下，有的人在慢慢堕落，有的人在迅速成长，这需要一个好的家庭教育环境。而家庭教育是上一辈对下一辈的教育，其最好的相处方式就是彼此尊重，无论是家人还是朋友，王利说："生活中拥有家人，受到父母和大爷的教导，就是一种幸运，一种幸福。离别是更加怀念的起点。"

走遍千山万水，最爱的还是家乡；看尽春花秋月，最亲的还是家人！

王利自己的生活过得越好，对大爷、对父母的那种遗憾也就越强烈，随着岁月的流逝，更增添了些许的忧伤。王利想到他们辛苦劳作一辈子，过早地透支了健康，等子女都长大成人，各方面的条件都好了，父辈没怎么享受生活就离开了人世，他心存遗憾。

第三节　生存是第一需要

王利小时候始终处在饥饿状态。在那个年代，饥饿是常态：无论是大人，还是小孩；无论是男人，还是女人；无论是城里人，还是乡下人，概莫能外。

现在的年轻人一定不理解王利小时候为什么老是吃不饱，为什么生活那么贫困？

王利是随新中国一起成长起来的。新中国成立前，刚刚经历过八年抗战，后来又有三年多的解放战争，十几年的战争，我们的国家面临的是一个一穷二白的烂摊子。但是坚强的中国人民在中国共产党的领导下，用满腔热情建设着国家。

为了尽快恢复经济，党中央借鉴当年苏联的经验，加强了国家对农业、手工业和资本主义工商业的社会化改造，于是高度集中的计划经济体制覆盖了国民经济。

考虑到西方资本主义国家对我国的经济封锁和包围，一段时间，我国优先发展重工业，轻工业、农业的发展较为薄弱，再加上 20 世纪 50 年代末期的自然灾害，导致那个年代吃穿十分紧张。

王利说："我在这样的背景下，生长在农村，我们那一代人只能生活在饥饿中，艰苦奋斗。"

有一次，王利的肚子又咕咕地叫个不停，他四处寻找着一切可以充饥的东西。王利和小伙伴有个不成文的约定：谁也不说，哪怕是一起行动，也绝不会走漏一点消息。尽管如此，王利在行动的时候，依然小心谨慎。因为一旦被他父亲知道，不仅名声受损，而且肯定免不了一顿暴揍。他不得不制订周密的行动计划。

他们当地有个风俗：人去世了要在入土三天后"圆坟"。"圆坟"的那天，会在坟头的四个角分别埋入一块点心做祭品。王利会耐心地等待着"圆坟"仪式慢慢结束，等待着下地干活的人陆续返回村庄，然后趁着朦胧的黄昏，悄无声息地潜往坟地。这时蚊子在嗡嗡地四处乱飞，蜘蛛还在结网，蛐蛐儿也在叫着，这很重要。因为蛐蛐儿头上的两根触角，相当于两部"雷达"，

为 善 至 乐
——记王利

能探测到周围十几米的范围，如果有人或动物的动静，它就警惕得不叫了。如果蛐蛐儿欢快地大声叫着，说明此地无人。王利四处张望，判断此时此地确实无人，甚至连鸟都没有。他和他发小范有江三步并作两步，如离弦之箭，又如饿虎扑食一般扑向坟头四角，既准又快，小手拼命刨出人家刚刚埋下去的点心，整整四块，一块都不能少。他们顾不上有土没土，在身上随便蹭一下，就狼吞虎咽地大吃起来，不一会儿就风卷残云般地吃完了一顿"大餐"。多年以后，王利说他再也没吃过这么美味的点心，就是"珍珠翡翠白玉汤"一般的感受。

在春天万物生发的季节，日子还算好过一些，能吃的东西渐渐多了起来。野菜吃完，就吃榆树叶子。榆钱被吃光，接着就是柳树刚冒出来的嫩芽，家家户户准备个盆子，把薅下来的柳芽放到盆里，用凉水浸泡一天一夜，待苦味泡出，和上玉米面蒸出菜团子。虽然还有些苦味，但多少能吃饱，这一天也就是幸福的了。

到了冬天，日子比较难挨，没有什么可以充饥的东西。但这难不住饥饿的人们，他们把干枣连核带皮在石磨上磨成粉，配上玉米面蒸窝头吃，甜甜的，在当时算是美食了。那时候的孩子们盼过年，一是能吃饱，二是还能吃到一点儿肉。经历过饥饿时代的人，过年的幸福感不是用言语能表达出来的。

在入冬后第一场雪的飘落里，榆树露出光秃秃发白的枯干。从树梢到树根，这种树在无声无息中慢慢死去，有很多年都觅不到它的身影了。但榆树的树皮磨成粉是可以吃的，榆树是高尚的、坚强的，在饥饿时代甚至救过人的命。

饥饿似乎永远折磨着王利，永远折磨着那个时代的孩子们。但孩子们是有智慧的，不会因恶劣的环境而丧失生活的勇气，他们会想办法改变自己的生活。

有一次，王利和几个顽皮捣蛋的小伙伴，设计打死了一只野狗，大家分工合作，七手八脚砍成肉块。有的回家拿锅，有的拿葱、姜、蒜、盐等调味品，然后跑到河边架起简单的炉灶，放上锅，点上火，把砍好的狗肉放进锅里，倒上从河里打来的水，其他小伙伴们赶紧砍树枝、添柴火。这时候，所有的小伙伴都围绕在锅灶旁，他们笑着、说着、乐着、打闹着，耐心地等待着。幸福感洋溢在他们稚嫩的脸上，火苗蹿起老高，烟升腾起来，不到两小时，狗肉的香味钻进孩子们的鼻孔里，那味道简直妙不可言！

不要苛求在饥饿年代，连自身生存都是个未知数的可怜孩子们，现在看来打野狗是不"仁义"的事情，原谅他们的鲁莽，因为"吃"是那个年代首要的问题。

王利上四年级时，听到一件事，让他大为吃惊。有位同学告诉他：有一天下午，一场倾盆大雨不期而至，路面湿滑，天突然黑了下来，视线极为模糊。一辆满载面包的货车，走到牛栏山公路段时在拐弯处不慎翻车了，面包撒了一地。附近的百姓听说后发了疯似的，不顾一切地冲了过去，饥饿的人们瞬间就把面包抢光了。好在司机未受大伤，但也只能可怜巴巴地、眼睁睁地看着满车的面包化为乌有，仰天长叹。

第二天，王利去上学，看到一位同学手里拿着焦黄松软的"馒头"在吃，他没见过，一问才知道这就是久闻其名而从未谋面的"面包"，王利非常羡慕，眼馋得直流哈喇子。同学挺大方，随手给他掰了一块，让他尝尝。王利第一次品尝到面包的味道，给他留下了终生难忘的印象，面包的样子也永远定格在他的脑海里。

长大后他就老老实实地种地，挣工分过日子。多挣工分，是他最现实的人生目标；能吃饱饭，是他人生最现实的理想，再有志向，吃不饱，一切都是浮云。"挣工分吧，多挣些工分，为父母减轻点生活负担，比什么都强。"王利暗暗下定决心，要让家里人有一天也能吃上面包。

第四节　两只兔子救一命

王利上小学时，他母亲凌晨三点多就起来做饭了。锅灶简陋，烟熏火燎，还在睡梦中的王利就被呛醒了。这倒省得母亲叫他起床吃饭了。每天的早饭都一样，永远是一碗稀稀的、热乎乎的玉米糁粥，虽然喝不饱，但那也是母亲披星戴月、辛辛苦苦给他做的，那稀粥里面流淌的是母亲的慈爱。母亲前半夜还在昏暗的煤油灯下，给六个子女缝补衣服或者纳鞋底，早上又起来操持全家人的早饭。母亲年纪不大，皱纹却早已爬上她的脸，灰白的头发也过早地出现在鬓角。王利总是祈祷天上的寒星晚点回，让母亲也能睡一个好觉。每每想起这一幕，王利心里就酸酸的。

王利吃完早饭，母亲拿出两块煮熟的白薯放在他的书包里，有时候还有一小块咸菜。这是他的午饭。学校离家远，王利中午不回家，只能在学校将就着吃点。临出门，母亲总要用粗糙的手摸摸王利的脸蛋，叮嘱他："路上小心点，天还黑。"农村小学早上六点就上自习了，教室里面没灯，连字都看不清，只能自己点个小油灯读书。一点点荧光就这样映照着孩子们的脸。

到了中午没地方热饭，夏天还能忍受，一到冬天可就受罪了。教室根本没有取暖的设备，再冷也只能硬扛着。王利掏出早已冻成硬块的白薯，一咬，满嘴冰碴子。冰碴子吃到肚子里，长此以往，胃怎么受得了？所以王利的肚子经常又胀又疼，有时还吐酸水，时间一长，王利得了严重的胃病。再加上长期营养不良，王利体质羸弱，连走路都直打晃。家里孩子多，父母每天都忙着干活，维持艰难的生计，还要参加生产队里安排的政治学习，根本顾不上谁头疼脑热的，也没钱给孩子看病买药。

王利虽小，懂事却早。身体不舒服从不向父母开口，就自己默默忍耐着，还要强装没事。但是一到晚上胃疼得睡不着，王利就开始胡思乱想。一幅幅画面、一幕幕场景，有河流、有山脉、有森林，阳光下干活的父母，左邻的狗、右舍的猫，屋檐下挂着的蜘蛛网，发出嗡嗡声音的"京巴牛"，点水的蜻蜓，还有五颜六色的蝴蝶在花丛中上下飞舞，美丽的野花开着，一只蜜蜂从蓝色的牵牛花里钻出来，飞走了。杂乱无章的画面像万花筒一样涌进他的脑海。他有时甚至想到死亡，他想死亡会不会像《西游记》里的阎王爷令无常鬼一样来抓他呢？经过奈何桥，押往十八层地狱，然后遭受油炸火烹的酷刑……

残存的一点儿气息，一点儿思维，他又想起了父母的节俭，父母把好吃的东西都留给子女，可他们在艰苦中从没向命运低头。虽然日子艰难，但他们也会露出笑容，父母笑时很美，也很甜，孩子们看到了，也都跟着高兴。父母太疲倦了，太辛苦了。王利一会儿又想起了大爷，想到大爷半夜一个人在队里的牲口圈喂牲口的情景。因为没有电，大爷只能摸黑给牲口添草料。有时大爷会把豆荚上残留的一点黄豆抠下来煮熟了，等王利去的时候，给他一把。别看那几颗豆子，已是非常奢侈的享受了，别的小孩可没有这个福分。大爷对他特别好，尽量关照他，不时给他点儿好吃的。

为善至乐
——记王利

蒙眬中王利又想到了哥哥妹妹和其他小伙伴们，一想到将要和他们永别，再也见不到他们了，王利的泪水止不住流淌下来，打湿了枕头。

天快亮时，王利才从梦里醒了过来，迷迷糊糊的，头疼欲裂，浑身难受。一股求生的意念撑起他的病体。王利暗下决心："我要活着，好好地活下去，长大了给家里挣钱，让家里人都吃上馒头、烙饼，还有面包。家里人如果谁病了，不用硬扛了，我送他们去医院看病、买药、输液，病就好了。父母还不知会有多高兴呢！"一想到这些，王利笑了。他认为自己的理想很宏大，他是一个有用的人。他要为这一天努力奋斗，他要健健康康地活下去！人为一口气，佛为一炷香。隐约中王利想起生产队的一间办公室里曾见过一本什么医书，他决定去看看。

第二天，王利瞅准机会，悄悄溜进生产队的房间，果然看到了那本叫《农村医疗手册》的书，心头一阵欢喜，赶忙揣在怀里，逃之夭夭。

王利躲到一个角落里翻开那本书，突然看见一种叫"健胃片"的药品广告。他立刻意识到，也许这种药就可以治胃病，王利虽然毫无医学常识，什么都不懂，但冥冥之中他感觉到这种药可以治好自己的病，可以救自己的命。他感到一阵狂喜。可是又一下子犯起愁来，自己身无分文，父母也没钱，就是父母有钱王利也张不开这个口，王利真的不想再给他们增加任何负担了。

怎么办？王利急速地思考着办法。突然他看到自己养的两只兔子正在笼子里吃草，他和父母打了招呼，说兔子不小了，看能不能卖掉，给家里换点买油盐的钱。父母听了很高兴，看他这么懂事，叮嘱他："路上要小心，别让兔子给跑了。卖不了也早点儿回来。"

　　王利挺着鼓胀胀的肚子，赶到十几里外的怀柔县。皇天不负有心人，正巧碰上赶集，人来人往，好不热闹。王利要价不高，时间不长，两只兔子都顺利卖掉了。王利一手拿钱，一手提着笼子，欣喜若狂，一口气奔进一家药店，上气不接下气，气喘呼呼，头上冒着热汗，还不等剧烈跳动的心脏平静下来，就迫不及待地买了两瓶"健胃片"，他也没看说明书，也不知道该吃几片，直接拧开倒出就塞进嘴里，水都没有，就干咽下去了。

　　"卤水点豆腐，一物降一物。"就在回家的路上，王利感觉松快了许多。亲力亲为自己救自己，过程有些心酸。农村缺医少药，小病基本不吃药，偶尔吃药结果却出乎意料的好。王利从小就养成了凡事靠自己，不等、不靠、不要的习惯。王利是一个有血性的人，他骨子里的那种坚不可摧的意志力，助他日后踏上了成功的阶梯。

　　王利每天背着家里人按时服药，奇迹很快出现了，两瓶药还没吃完，病就彻底好了。他的心情为之一振，人逢喜事精神爽，食欲大增，一口气能吃下四张玉米面饼子了。家里人虽然不知道怎么了，但看到他那股精神劲儿，也都露出欣慰的笑容。

　　前些时候，王利无精打采，父母虽然没有问，他们心里却隐隐地担忧。现在王利的身体好了，日子又恢复到了原来的平静祥和。说来也怪，从此以后王利的胃病就再也没有犯过。

　　不怕有病，关键是要对症下药。王利很感激这两只兔子。他清清楚楚地记得这两只兔子，刚满月只有拳头大小时王利就养上了，红红的眼睛，白白的毛，长长的耳朵，活泼可爱。王利把兔子当成好朋友。为了兔子的安全，王利还给它们垒了坚固的兔子窝，以防黄鼠狼的袭击。为了让它们吃得好一点，一下雪王利就到野地里去挖野菜，什么甜苣、苦苣、蒲公英，都给它们挖来喂上，既能消炎又能下火。冬天，王利给它们收集各种树叶，两只兔子不挑食，什么都爱吃，很好养活。

不过它们最爱的还是啃胡萝卜、白菜帮子这些硬一点的食物，起到磨牙的作用。如果牙齿长得太软，还得专门放点儿小树棍让它们啃。有时，王利还把自己省下来的窝窝头、菜团子拿给它们吃，对它们照顾有加，两只兔子也给王利带来不少的乐趣，小朋友们也常常来看这两只兔子，摸一摸，抱一抱，很是羡慕。兔子最爱干净，吃饱没事儿就"洗脸"。两只前爪把长耳朵扒拉下来，在嘴里蘸点唾液，上上下下洗个干净，连身上的毛也要舔个遍。身上的毛永远是雪白的，没有一点污渍，洁白、漂亮、可爱。王利决定要卖它们的时候，真是舍不得。要不是胃疼数月，绝不会狠下心卖掉它们。为了感恩，王利从来不吃兔肉，他永远无法忘记那两只可爱的兔子，红红的眼睛，白白的毛，长长的耳朵……

第五节　英雄情怀

王利的幼年时代，虽然物质生活匮乏，但这并不影响他在成长中获得快乐，王利总说，忧愁是一天，快乐也是一天。

王利小时候，夏天几乎都没穿过什么鞋，他整天光着脚丫子到处跑，本该嫩嫩的小脚丫，长满了厚厚的茧。这倒也好，蚊虫叮不透。他不是不想穿鞋，而是母亲要做全家九口人的鞋，有时候真是做不过来。做鞋很费功夫，需要先种麻，等麻长到两米多高，从根部砍倒，在水渠里泡十几天，再拿出来剥皮。然后把剥下来的麻皮挂在墙上，撕成一条一条的，粗糙的麻绳干活用、捆柴火用，精细点的搓成细麻线，用来纳鞋底。鞋底是一层布，抹一层浆，叫"千层底"。然后用锥子扎一个眼，一针一针把麻线穿过，叫"纳鞋底"。鞋底纳好之后，还要做鞋帮、鞋面。在鞋袜子上垫一块大一点的布，用糨糊粘上碎布敷上去，达到一定厚度，再加上一块新布，干了以后，从鞋袜子上脱下来，把鞋底和鞋面、鞋帮，用细麻绳缝在一起，这样一双鞋才算做好。工序复杂，费时、费力、费精神，但这样一针一线做出来的鞋非常结实，绰号叫"踢死牛"。在做鞋的工序中，光是搓麻绳、纳鞋底，就能把一双手变得很粗糙了。一家九口全靠王利母亲的双手做鞋，王利的鞋子未做好之前，他只能捡哥哥的穿，有时候捡不到大小合适的就只能光脚，甚至到了冬天也不得不光脚走路。

有一次，父亲给了王利两毛钱，让他到邻村供销社买酒。父亲亲切地告诉他，可以剩一分钱买糖吃，王利心里高兴极了，一溜儿小跑过去。他小心翼翼地把攥在手心里已经捂出汗的两毛钱递给供销社的大爷，自豪地大声说："拿一分钱买两块糖，剩下的全打酒！"卖货的大爷喊了一声："好嘞！"他先把两块糖递到小王利手上，然后用手摸摸他的头，问："今天你爹高兴了？还给你买糖吃。"小王利接到糖，自顾自地看着手里的糖，两只眼睛里都放出了光，摩挲着外面的糖皮傻笑。卖货大爷看到后，也和蔼地笑了笑，这才转身到货架后面的库房里打酒。

在王利的记忆里，这是他第一次吃糖。他觉得甜得很哪，原来这就是糖的味道啊！以前王利只是偶尔看到别人吃糖，他自己只能偷偷咽口水，想不到今天自己也吃上了，他高兴得快要蹦起来。那还是个大雪纷飞的冬天，他是光着脚跑去的，寒风刺骨，穿上鞋有时都觉得冷，但那天的王利并没有感觉到冷，反而觉得特别好玩儿，特别痛快。他光着脚踩在厚厚的雪地上，踏出两行深深的雪窝。

他把糖放到嘴边，伸出舌头舔一舔，舔了几下之后，忍不住塞到嘴里含一含，甜意就把寒冷驱走了。但他舍不得一下子吃完，他要细水长流，慢慢地享受这个甜的过程。他含一下糖又放回兜里，兜里有棉絮、泥土，沾在糖上面，他掏出来舔干净，含一会儿再放回兜里。一块糖不知要吃多长时间，也许几天，也许十几天。他担心一下子吃完，他担心甜的日子消失了。他思考着、品味着快乐的时刻，珍惜有糖的日子。王利心想，以后一定要吃好多好多糖！

许多年以后，他都忘不了那一天的甜如蜜。

尽管心里甜如蜜，但这终究是一个大雪纷飞的冬天。这么冷的天，连喜鹊都停止了飞翔，万物归于寂静。一个小孩独自一人，光着小脚丫，在旷野中闪动着奔跑跳跃的影子，不仅丝毫未觉寒冷，随着舌尖的味蕾触碰到糖，心里还感觉有阵阵暖意。王利后来看了《雪山飞狐》电视剧，感觉其中的主题曲《雪中情》，有自己当年的影子："寒风萧萧，飞雪飘零。长路漫漫，踏歌而行……雪中行，雪中行，雪中我独行……"

20世纪50年代末，我国出了一批优秀文学作品，影响深远，诸如《青春之歌》《野火春风斗古城》《苦菜花》《平原枪声》《铁道游击队》等，王利最钟情的是《林海雪原》。里面的故事情节深深地吸引着他、感染着他，尤其是少剑波，他率领小分队在茫茫雪海的密林中，披着白斗篷，这样一个飞驰在飞雪中的英雄形象深深地印在王利的脑海里。王利想学，他也要做英雄。于是他做出一个大胆的决定，并且付诸行动。那天正好下了一场大雪，覆盖山峦，北风呼啸，雪花飘舞。王利把母亲包衣服的一块白布解下来系在脖子上，装出穿着滑雪斗篷的样子。他带着几个小伙伴，打着遛牲口的旗号，把生产队里的几头驴、几匹马牵出牲口圈。在农村，一般下雨、下雪时，社员就可以不干活了，牲口也可以跟着喘口气，不料却被王利这帮小家伙恶作剧地牵出来。

村里的驴、马不同于草原上那种专供人骑的马，有马鞍脚蹬，草原上的马平时吃的草料好，膘肥肉厚，人骑上去会比较舒适。村里的马，每天干苦活，一般都是瘦骨嶙峋，背上全是骨头，骑上去非常不舒服。等大家骑好后，王利一声令下，一起在雪地里狂奔。不一会儿屁股就磨出了血，疼痛难忍。但孩子们玩得尽兴，也就顾不上。白斗篷飘舞起来，风雪中小伙伴英姿飒爽，好不威风。

王利的马不知受了什么刺激，突然狂奔起来，一心要把这个讨厌的骑手摔下马背。它加速冲向一间农舍，王利躲闪不及，一头撞在农舍院门的门框上，从马背上滚落，顿时他只感觉天旋地转，眼冒金星，头疼欲裂，半晌爬不起来。好在没有流血，只是脑门上撞了一个大包。王利灰头土脸地爬起来后，四下看看，他庆幸没被人看见，拍拍身上的雪，装作没事儿似的，披好斗篷，一瘸一拐地走了。

不久，村里放了一场电影——《狼牙山五壮士》。村里少有娱乐活动，听说要放电影，大家都早早去场地占好位置，以便更好地欣赏。故事情节跌宕起伏，吸引着观众，全场没有人交谈，没有杂音，大家都盯着白色的幕布紧张地看着，这是以前少有的情况。尤其是五壮士子弹打光，退往山顶，摔坏枪支，宁死不做俘虏，毅然决然跳下万丈深崖这一场景，让在场人们的心灵受到深深的震撼。王利也被英雄的壮举感动得热血沸腾，久久不能平静。于是他又有了一个大胆的设想。

第二天，王利迫不及待地率领几个小伙伴，在村子外面的山凹处，选了个小山头，不管高低，也不管危险不危险，他们只有一个信念：我要做英雄，让村里所有的人都钦佩！伙伴们面临超出想象的高度，有点胆怯，有点犹豫，但经不住大伙儿起哄，随着王利一声令下，大家心一横，眼一闭就都跳下去了。个个摔得哭爹喊娘，狼狈不堪。王利的尾骨也被摔得生疼，好像骨折一般，半天爬不起来。

后来大家居然都站起来了，这真是不幸中的万幸。万一有一个摔坏腿、胳膊的，那可闯下大祸了。想起这事王利现在还感到后怕。人虽没事，但疼痛不是三两天就能过去的。那几天上学时，都是一瘸一拐的，但是大家还是高高兴兴的，因为他们自认为的"英雄壮举"受到了其他同学的夸赞。

第六节　第一梦想

梦想都是美好的。美好的梦想使我们的眼睛饱含泪水，使我们的心灵充满憧憬。

1964 年，王利小学快毕业时，样板戏开始风靡全国，人人都会哼两句。戏中的很多英雄形象，影响了一代人的价值观、人生观、世界观，诸如《红灯记》中的李玉和、《智取威虎山》中的杨子荣，他们在舞台上神气活现的英雄身段、造型、动作深入人心，也在王利的脑海里扎下了根，王利痴迷上了京剧，他在家里一招一式地学戏。生、旦、净、末、丑，他比较喜欢袁世海的架子花脸。袁世海演过《群英会》里的曹操，演过《红灯记》里的鸠山，都给观众留下了深刻的印象。王利看了杨子荣上山打虎那段戏，更是放不下对京剧的热爱，他壮着胆子向大人说出自己想学戏的想法，不料，家里没人支持，也没人理会，他们认为这是荒唐可笑的，只是王利的一时冲动而已。大人觉得祖上就没唱戏的，家族里没有唱戏的基因和条件，更别说学什么京剧了。就在王利无可奈何时，大爷表示支持他的想法，给予他积极的肯定。大爷认为一个孩子有追求、有理想就应该给予肯定，怕就怕孩子没理想，即便将来没有取得什么成绩，也不应该扼杀一个孩子萌生出来的兴趣，更不能伤害一个孩子的自尊。大爷拿出不多的积蓄，为王利做了一身像样的戏服，深情地对王利说："咱们学戏，也得有身好行头，好好练嗓子、练眼神、练身段，练好了，咱们就去考专业戏校。"有了大爷的支持，王利练得更加刻苦了，已经到了废寝忘食的境界。经过一段时间的训练，瞧着王利还真像那么回事。

　　王利听说有所戏校要招生，他沉浸在兴奋之中、幻想之中。然而就在准备应考的前一天，他却发现自己把月份看错了，招生日期早过去了。王利好不懊恼。后来王利常常提起："我当时如果不是看错时间，没准现在也是个名角儿了。"虽然误了考试，但并没有影响王利对京剧的喜欢。那时著名的样板戏他都会哼几句。《红灯记》《沙家浜》《红色娘子军》《龙江颂》《奇袭白虎团》《海港》《白毛女》《智取威虎山》，这些样板戏都是在京剧现代戏、小说、电影、话剧以及民族新歌剧的基础上产生的，是一个时代的经典代表作，影响深远。许多经典唱段，王利直到现在也能有模有样地唱出来。王利最喜欢唱的是《智取威虎山》里的杨子荣打虎上山那一段："穿林海，跨雪原，气冲霄汉；抒豪情，寄壮志，面对群山。愿红旗五湖四海齐招展，哪怕是火海刀山也冲上前。我恨不得急令飞雪化春水，迎来春色换人间！"

　　旋律雄壮优美，歌词气势磅礴，英雄之气撼山岳，惊风雨。

　　后来王利去了世界"音乐之都"——维也纳，维也纳是奥地利的首都，环境优美，景色宜人。其中创建于 1869 年的维也纳国家歌剧院被称为"世界歌剧中心"。

王利踏进这个维也纳历史最悠久、装修设备也最现代化的音乐厅，领略它的高雅，享受它的音乐，了解它的非凡历史，内心十分感慨。

王利对歌剧并不感兴趣，俗话说："外行看热闹，内行听门道。"王利想起当初练京剧已入门道，不料阴错阳差误了考试，如果不是这样，说不定他也能有自己的成绩。

第七节　闪光的品格

大爷公私分明、热爱集体的品格影响了王利一生，大爷是王利日后做人做事的标杆。

由于大爷单身，生产队就让大爷当了饲养员，住在饲养棚中的一间房中，便于晚上给牲口添加草料。1967 年，村里才通电，队里给饲养场安装了一盏灯，方便大爷晚上给牲口喂料。俗语说："人无外财不富，马无夜草不肥。"大爷每天夜里都要起来添两次草料。但他为了给队里省一度电，没有接灯泡，依旧用着那盏旧马灯。

大爷对他养的牛、马、驴，十分疼爱，精心喂养。大爷说它们都是生产队里的主要劳动力，马虎不得。每天早晨大爷都把饲养场收拾得干干净净，准备好出工干活的各种农具，方便车把式使用。草要切得碎一些，用大筛子筛干净，用干土把圈里重新垫一圈，这样环境干燥，可以起到预防疾病的作用。

傍晚，牲口干完活回到饲养场，在地上打几个滚，舒展舒展筋骨，站起来抖一抖身上的尘土，像是洗了个澡，仰起脖子对着晚霞嘶鸣几声，用蹄子刨着地面，打着响鼻儿。马和骡子还喜欢直立起来，向天蹬蹬腿，然后在院里跑几步，再到水槽上饮一通清凉的水。大爷拍拍它们的脑袋，夸奖一番，牲灵便都回到圈里自己的位置，开始吃早已准备好的草料。老牛则卧在自己的"地盘"，抖动着耳朵和尾巴赶打着飞来的牛虻和蚊子。村里人把牛马叫作"牲灵"，人们尊重它们，它们也深通人性，能听懂人说的话。所以有一首歌的名字就叫《赶牲灵》，歌词这样唱："走头头的骡子哟！三盏盏的那个灯。哎呀！带上那个铃子哟！哇哇的那个声……"

大爷给驾辕的骡子脑门儿上戴了一朵打结的红缨，脖子下吊一个黄铜铃。老远听到铃声，就知道是骡子回来了。他会检查骡子身上有无鞭痕。如果发现有鼓起的疙棱，就会跟车把式争论一番。每当这时，挨打的骡子就打着响鼻儿刨地，露出高兴的样子，觉得主人为它出了气。

当然，社员们觉悟大多很高，一般不会打牲灵。牲灵是生产队里的宝贵财富，是重要的生产力，大家都懂得这个道理。

大爷是这些牲灵真正的朋友。有一天，当牲灵出圈下地干活的时候，他对一头犟驴说："听话，别犯浑，免得吃鞭子。"边说边摸摸它的头。那头驴打着响鼻儿，晃着头，好像说："我知道。"大爷便从兜里悄悄掏出一把炒黄豆，塞到它嘴里。

"车把式"手里的鞭子，只起震慑作用，一般只在空中空响几下。有一部电影叫《青松岭》，其主题曲做了很好的诠释："长鞭那个一甩呀！啪啪地响哎！要问大车哪里去？沿着社会主义大道奔前方！"

20世纪五六十年代，马车、牛车的轮子都是木头做的，非常高大。轮子正中一圈用铁皮包裹，可以减少摩擦，便于行进。每

为善至乐
——记王利

天牲灵拉车的时候，大爷都会提前给车轴上一点油，这样会省点儿劲。

马和骡子的脾气大一些。有时也会因一些小矛盾发生争斗，互踢、互咬，互不相让，别人根本拉不开。但只要大爷吼一嗓子，它们就都老老实实，羞愧地低着头，好像什么都没发生过。它们不想让它们的主人、它们的饲养员伤心。

大爷永远记着钉马掌的日子。

牛不用钉掌，它们的蹄子厚，有足够的硬度。马则不行，马是草原动物，蹄子大、有韧力，有很强的弹力，但硬度不够，经常和硬地面上的沙石摩擦，如果不及时钉上马掌，马蹄会磨薄，蹄子中央部位的肉就会伤着，连路也走不了，更不用说干活了。所以每当到了日子，钉马掌的手艺人都会按期来，这天，大爷和马都会耐心地等待着。

大爷还是个优秀的接生员。

母马快生小马驹时，会躁动不安，不吃不喝，等待临盆。大爷全天都守候在母马旁边，嘴里念叨着安慰的话，给马刷一刷毛，摸一摸鼻梁，望着马的眼睛，鼓励、表扬、夸奖它。母马站在那里，会渐渐安静下来。天快亮的时候，母马叉开两条后腿，使劲抖动着身体，很快，羊水破了，羊水和着血水涌出，小马的后腿先出来，大爷拽住后腿，慢慢帮着接生，瞬间就生下来了。小马驹一出生就认识主人，这是它来到这个陌生的世界见到的第一个人。母马转过身来，舔掉小马驹身上的血水。小马驹踉踉跄跄地站起来，又倒下，又站起来。大爷会把准备好的布单子披在小马驹身上。

此时的母马很疲倦，大爷便把早已准备好的米汤沥了一大桶，提到母马身边，看着它一口气都喝完了，打着响鼻儿，恢复了一点体力，大爷会拍拍它的头，赞许道："好样的！"然后大爷把准备好的精细饲料放到马槽里。母马吃饲料的时候，小马驹已能跟在后面，站到肚子下吃奶了。大爷收拾好现场，撒上干土掩埋血水。看着大小平安，这才放心地去睡觉。

在接下来的几个月，大爷每天都牵着母马到有野草的地方溜达。小马驹跟在后面，有时候撒欢儿跑得远一点，低头吃着草，又到母马身边蹭一蹭。母马舔舔小马驹的脑袋，阳光下一片祥和。

等到小马半岁时，大爷就开始训练它了。其中最重要的环节就是套上笼头，压制它的野性，让它听懂基本的行为规范："驾、驾、驾"是前进；"稍、稍、稍"是后退；"吁、吁、吁"是停止。每天需要训练很长时间，磨它的性子，降服它急躁的脾气。是龙得盘着，是虎也得卧着，否则将来拉车不听使唤，"车把式"会用鞭子教训它。年轻的马不经过几番折腾，是成熟不了的。大爷下这么大的功夫，就是怕它们以后挨打。

到了 20 世纪 80 年代初，推行联产承包责任制，队里的生产资料都折价卖给了农户。几头牲灵也这样处理了，有的牵到集市上卖掉了。大爷当了一辈子的饲养员，看着他调教过的这些牲灵远去的身影，内心十分沉重。他无法忘记那些牲灵离去时的无奈和无助，以及牲灵仰天悲鸣的绝望。大爷痛苦地蹲在地上，他无法面对牲灵投来的饱含哀求的眼神。

第八节　哭坟

生活中常有这样的情形出现。你最亲近的人，如果发生重大变故时，无论你在哪里，都会有一种预感，这是一种心灵感应，使你的意识出现莫名其妙的无理由的混乱，使你的情绪出

为 善 至 乐
——记王利

现无以名状的、无法控制的暴躁和愤怒，甚至连身体也会出现一些应激反应。

大爷去世的那天，王利正在单位上班，无缘无故心神不宁，他坐也不是站也不是，手足无措，心乱如麻，不想说话，不想做事，只是觉得有一种不祥的预感笼罩心头。他只想宣泄一下或痛哭一场，哪怕和别人打一架也好。

正在这时，有个朋友请他帮忙，朋友想坐王利的车去办事。王利有心不去，但又抹不开面子，只好勉强开车。这一路上王利面沉似水。好不容易等办完事要返回时，这位朋友想顺路再去个地方。王利不听则已，一听之下，勃然大怒，吼道："去可以，只给五分钟，过了五分钟自己回。"

王利一向和颜悦色，为朋友帮忙做事他从没有怨言，这为他赢得了好名声。今天不知咋了，头一次如此失态，他内心有些懊恼。这位朋友一惊，也不敢多问，五分钟办完事坐车回来了。

中午，王利得到不好的消息，家人告诉他大爷不行了。王利慌忙往老家赶，赶回村里，大爷已溘然长逝。王利悲从中来，不能自已。等到安葬后，他无法排解内心悲苦，独往坟头，伏地痛哭！嘴里喊道："大爷，大爷！您咋就走了？咋就不等我回来看上一眼？痛死我，痛死我！"

"几回要拉您去城里转一转，您就是不肯，就怕给我添麻烦；几次给您买点好吃的，您就是不吃，就怕我破费。大爷，大爷！您对我的爱，您对我的疼，比山高，比海深。您为什么就不让我报答一下呢？难道真让我心痛一辈子吗？大爷，大爷！我哭、我喊、我流泪、我倾诉。一抔土，千把泪，让我把肚子里的话吐出来！"

"大爷，大爷！没有了您的日子，纵有茅台给谁喝，空攥两把钞票为谁花？"王利跪在地上，肝肠寸断。

"大爷，大爷！您满脸的皱纹充满了智慧，充满着慈祥。我想再摸摸您粗糙的手！我恨自己那时太年轻，总感觉来日方长，谁能料到竟然天各一方，留下这无穷的遗憾在心头！"

大爷说："任何时候，吃苦受累走在前头。帮扶有困难的，尽自己的力量扶危济困，互相帮助，互相照顾，团结友爱。人情第一，金钱第二，多想想别人，少想想自己。传承好王氏家风！"

大爷的一生就是美德的标杆。

第二章　命运垂青的"傻"小子

王利说："大家都认为我很傻，我也觉得我傻。但如果你当真拿我当'傻子'，那你才是傻子。"

第一节　上牛栏山二中的不易

王利虽然在贫困的环境中长大，却没有自卑自贱，牛栏山使他养成勇敢自信、乐观向上的性格，他的内心充满阳光，充满正能量，小伙伴们和他相处总能受到良好的影响。王利脚踏实地，不会投机取巧；他心地善良，宽厚待人，性格豁达。虽然他渴望富裕，却不贪婪。父母质朴无华、吃苦耐劳的优秀品格对他产生深远的影响。王利说："好家风伴我一生。"

"善"，是一个人高贵的品质。"善"的延伸，是通过自身的努力，帮助家人，惠及他人。

"种一种善因，生十福报；种十种善因，生百福报；种百善因，生千福报。"王利的善在日常的生活中、工作中、交往中都得到了充分的体现。

王利有幸出生在朴素善良的家庭，他感恩大爷和父母长远的战略眼光：他们重视教育，重视知识，仅此一点就超过当时村里的很多家庭。无论家里经济多么困窘，他们都要想办法让王利上学。他们深知"十年树木，百年树人"的道理。王利非常懂得并珍惜来之不易的读书机会，他每天都提前到校，上课铃声响起的那一刻，是他一天当中最美的时刻。

1963年夏，王利考上了牛栏山二中。那时牛栏山有两所中学：一所叫牛栏山一中，至今都是全国重点中学；另一所是县政府拨款13万元新建的牛栏山二中。一中的教学水平和教学条件、教学成绩都不错，王利想上的是一中，结果最后上的是二中，这件事对他打击很大。因为二中不是重点中学，不能住校，这对家住村里的王利来说，多了很多麻烦，王利每天要花几个小时的时间在路上，这挤压了他读书、做作业的时间。

因为二中是新建的学校，教师编制还未配齐，有些课程由一中老师来上，县政府给二中办学的基本宗旨是教育面向农村，也就是说为农村培养人才，学生毕业后仍回农村服务，因此在课程设置上也有很大的不同，二中的课程设置有农业基本知识，但二中没有英语课。王利想为什么明明一中的习题他都会做，却只考到了二中？

王利上学要走八里路，每天都是步行，这就练就了王利一副铁脚板，不过王利还是羡慕那些骑自行车的同学，他们骑起来不仅快，而且威武，还能大大减轻体力的付出，即使骑车去颐和园都不在话下。骑车去游览长城是王利那时最大的梦想。

王利上学时语文课本上的第一课就是《我爱北京天安门》，王利知道了牛栏山外面不远的地方叫北京。在年幼王利的认知里，城里人相当于外星人：聪明有本事，见多识广，待人彬彬有礼。他幻想着自己有一天也能成为城里人，有了出息后让家人、邻居、全村的人都到城里去生活。

为善至乐
——记王利

那时的城乡差别，在王利眼里，无异于从一个星球到另一个星球。城里人穿戴干净，衣着光鲜，举手投足文明得体，让人好生羡慕。离村不过三里远的地方是北京维尼龙工厂，别看近，王利还真没去过。也是机缘巧合，有个同学的亲戚就在这厂里上班，有一天他带王利等几个同学去家属院玩儿，一进家属院，果然是另一番景象，进进出出的工人都统一着装，穿得整整齐齐，衣服上看不到补丁，而王利的衣服上少说也有几十块补丁。工人们的脸上都干干净净，精神焕发。工人的眼神里也流露出自信，王早甚至觉得带有一点骄傲的神情。

工厂正面是栋大楼，窗户玻璃干净明亮，王利想，房间里一定很暖和很舒服，他们看见楼门口钉着许多小箱子，那位同学告诉他小箱子里装的是牛奶。王利只见过耕地的老黄牛，没见过奶牛，更没喝过牛奶，总之王利就像刘姥姥进大观园，什么都觉得新鲜。

两年多的初中生活，王利过得既充实又快乐，王利想着初中毕业后考一个好高中，再考一个好大学，前程会像阳光一样照亮着美丽的人生。但后来，由于种种原因，王利没能实现这个愿望，他对前方的路又感到迷茫了。

第二节　收获第一桶金

"年轻是不能赌气的。"虽然失去了继续上学的机会，但他相信阴霾终会散去。"幸运固然令人羡慕，但战胜逆境则更加令人敬佩。"不久，生产队选中王利到供销社的养猪场养猪，这个工作既辛苦又光荣，能受到队里的认可，这对初出茅庐的王利来说，是非常大的奖赏和激励。

王利满怀信心，全身心投入工作，不断总结学习养猪的经验，把猪养得膘肥肉厚。养猪场给的工资不低，每月45元，但到不了自己手中，要全部交给队里，队里据此计工分，不过队里每天会给一毛钱的补助。别小看这一毛钱，这是王利凭自己的能力赚到的第一桶金，其意义非同小可。这标志着王利的自食其力，他不仅能养活自己，还能为提高家里的生活水平作贡献。

这年冬天，北京兴建门头沟斋堂水库，从各郊县区抽调劳动力。王利被队里选中，全公社集中了100多名壮劳力前往水库工地。王利的工作是打眼、放炮炸山，无论扶钎还是抢大锤，对王利来说都是关关难过，但关关都得过。

就拿扶钎来说，这活儿苦重不说，危险性也高，只要大锤稍微一偏，手腕肯定非断即伤，所以这就要求抢大锤的人必须注意力集中，扶钎的人必须用力把钎子扶稳、扶紧，这样才能保证钎子不动，大锤才不会偏，更不会滑。这活要两人轮流干，进度才快，体力才能较为平衡，而且两个人必须充分信任、配合紧密。万事开头难，头几天王利的虎口震裂，鲜血流出，他缠上破布，咬牙坚持，挺过几天就好多了。王利和同事为了避免失误，在底下没少下功夫练准头。抢锤要掌握锤的高度，既要准，又要有力度，才能把坚硬的石头钻出一个洞来，达到一定深度，放进炸药、装上雷管、接上导火索，再用泥土封死，钻口点着导火索，然后撤到安全的地方。只听轰隆一声巨响，大石被炸成大小不等的石料。但如果遇上哑炮就很危险，必须派有经验的老炮手去排除。工地干活，既累又脏，但是整个工地大家干劲十足，充满着青春活力，累且快乐着。

王利干活，肯出力，再加上他性格乐观，人也实在，所以

为善至乐
——记王利

王利的人缘很好。他的这些长处被领导看中，被调到食堂做炊事员，这个工作关系着所有民工的吃饭问题。

这个时期是王利世界观、人生观、价值观形成的重要阶段，也是王利事业基础夯实的关键期，他诚实质朴的品德无形之中为他自己助力。

干一行爱一行，行行出状元。王利心里暗想，做炊事员，这是细活，这个工作有不少的技术含量，他希望自己能早点从生手变成熟手，甚至成为高手，让大家吃得好、吃得香。王利勤学苦练，细心琢磨，半年后，他不仅把"白案"做得到位，就是"红案"也做得像模像样，可以说渐入佳境，在炊事班掌大勺也不在话下。时至今日，王利的这门手艺也没丢，时不时还给家人、朋友露一手。

王利当时不仅要做饭，还负责卖饭。他做的饭菜味道好，给的量大，再加上王利长得喜庆，只要他往卖饭窗口一站，立马排起长龙。

那段时间生活充实，能吃饱饭，二十左右的大小伙子浑身上下有使不完的劲，王利觉得能这样按部就班地过日子很好，他很满足。

你为大家，大家也会为你；没有私心，自会有福报。不久，听村里人说政府又要来村里挑人了，而且这次有比较好的前途，可以当兵，还可以进城当工人。消息传开后，工地上炸开了锅。大家都不想放过这千载难逢的好机会，一拨接一拨，工地上一下子就调走了不少人。王利看着人们来来去去，他内心十分平静，没有一丝波澜。他自己也不知道哪来的定力，他只有一个简单的理想，就是多挣工分，吃饱穿暖，给家里分忧，帮帮辛劳的父母，他觉得现在的日子就很好。他告诉自己人不能这山望着那山高。另外，他也知道自己承受不了选拔不上的后果，炊事员的工作不能丢。他不能再让年纪渐大的父母为自己操心。一想到这些，他就更加有定力，一心一意蒸馒头，炒好菜，让干活的工友们吃得舒坦。有时王利也幻想着有一天自己家的饭桌上也能摆满白花花的大馒头，猪圈里躺着几头哼哼唧唧的大肥猪，过节的时候，摆上宴席，请全家老小、亲朋好友，痛痛快快地吃一顿……

有的人为他着急，劝道："都火烧眉毛了，你也不回去看看，还在这儿和面蒸馍。"王利笑道："你赶紧回去吧，别管我，我在这里挺好的，就不跟你们争名额了。"那人一听愣住了，认为他是真傻。

机会总是眷顾那些有平常心又脚踏实地的年轻人。王利正想着安稳地过日子，老天爷却偏偏打破了他的安稳思想，搅乱了他的生活节奏。

又是一个普通的日出，又是一个普通的清晨，风和日丽，阳光照耀着大地，照耀着田野，照耀着工地，一片安定祥和。远处急匆匆走来三个人，等快要走到跟前时，王利才认出是大哥和村里的两个年轻人。王利急忙上前问道："大哥，你怎么来啦？"大哥顾不上寒暄，顾不上喝水，兴冲冲地说："好事，好事！招工单位到咱们村来挑人，要选条件好的，根正苗红，工作表现好的。咱们家根正苗红，你在工地上又表现得很好，受到好评。你虽不在村里，但你和另外一个人被单位挑上了。快跟我回吧，收拾收拾东西移交一下。"大哥笑着一口气说完，高兴得合不拢嘴。又说："这两位就是来接替你们两个人的。"

突然的变化让王利一下子蒙了，一瞬间不知是喜还是忧。王利真舍不得这里的工作，毕竟干了有段时间了，一切都顺心顺手，每天的日子过得也很惬意。虽说也是挣工分，但比队里

为善至乐
——记王利

干农活不知强多少倍。在队里干活一年到头兴许吃不到一口细粮，吃不上一块肥肉。当了炊事员后，因为天天蒸馒头，步骤王利到现在还记忆犹新：把一袋子白面往大盆里一倒，放上水，放上碱，揉面；放上一会儿等面发酵好了再揉，搓成长条切成一小块，估计二两左右，再揉成圆馒头，放到大铁桶的笼屉上；然后把火烧旺，看着时间到了，馒头熟了，揭开盖子，白花花的大馒头就可以出锅了。那感觉，那幸福，不是现在的人能体会到的。

除了做饭卖饭，剩下的时间王利还要喂猪。几个炊事员每天早饭后，都要上山砍柴，拉回来做饭用。这中间就是喂猪的时间，王利先把麸子和粗粮按比例配好放到大锅里煮熟，连汤带水舀到槽里，一吹哨子，几头猪就从山上跑下来，又叫又哼，热闹非凡，每头猪的体重都在二百斤上下。

当大哥把好消息告诉王利的时候，他有点犹豫了，生怕换个地方没这个地方吃得好，他想跟大哥说说自己的想法，几次话到嘴边又咽了回去。王家家教很严，长幼有序，大哥在兄弟姐妹中有绝对的权威。长兄为父，他不敢不服从。

王利怅然若失，有点不情愿地跟着大哥回到村里。到家后这才打听明白，王利不是去当兵，也不是当工人，而是到北京的一家事业单位工作，全称叫"中央广播事业局"。能进这种保密性质的单位，家庭背景要过关，工作表现也要好。王利那时根本不懂什么事业单位、企业单位，也不懂两者究竟有什么区别，他就知道以后有福了，因为可以享受公费医疗了，他被小时候的那次胃病弄怕了。生病对贫困的家庭来说，无疑是一场致命的灾难。那次王利胃痛得像条虫窝在床上，他无助地蜷缩在黑暗的角落里，发出痛苦的呻吟，绝望无助。至今想起这件事王利还是不寒而栗，心生恐惧。现在好了，有了国家的保障，这对王利来说是件值得庆贺的事情。

王利靠诚实肯干再一次迎来了人生转机，开启了人生全新的篇章。

王利说如果没有父母、大爷的家庭教育，没有忍饥挨饿贫苦生活的历练，没有"凡事替人着想""做事就要做好""吃苦受累要在前头""善良"等这些在父亲和大爷身上看到、学到的品质，他在工作中的表现也不会这么优秀，机会也不会降临在他身上，也就不会有这次命运的转变。

回头看以前在生产队、工地和炊事班的生活，王利说他一生都感激那段艰苦快乐而又激情燃烧的岁月。

第三节　命运的第一次转折——捧起"铁饭碗"

1971 年 1 月 14 日，对王利来说，是一个终生难忘的日子。

那一天是王利要到中央广播事业局报到的日子。一大早，全村老少都在远处看着，目送王利；全家老小、亲朋好友簇拥在他的周围，左一句叮咛，右一句嘱咐。拥抱，再拥抱，难舍难分，忍不住流泪，忍不住再次相拥。这场面，像送英雄上战场似的，让人激动，让人不舍，也让人感慨。王利上车的瞬间，回头看见全村父老乡亲都来送自己，眼眶里泪花闪动。他朝窗外挥挥手，这是王利第一次长时间离开家乡，离开父母和兄弟姐妹，离开乡亲们，离开生活了二十年的牛栏山，离开哺育自己成长的家乡……

车子开动了，牛栏山渐渐消失在绿野中。王利思绪很乱："我需要向远处看，以便更好地思考事物。"

为善至乐
——记王利

不知不觉中，车子已停在一处警备森严的大门前，门口两侧岗位上站着两名威风凛凛的解放军战士。王利在车上时大气也不敢出，规规矩矩地坐了一路，由于时间太长，腿脚都麻了。一下车，王利差点儿没站稳，恍惚间他还在揉馒头、炒菜。现在他的心怦怦直跳。下了车，王利被带进一间大厅，四壁全是大理石，吊灯灿烂，脚下是红色的地毯。王利踩着红地毯，软软的，松松的。

王利他们一行 50 人，排成队列，整齐地站在这既陌生又让人紧张胆怯的环境里。王利身上不由得冒出了汗，尽管天气并不热。不一会儿，一位四十来岁的领导走过来。这位领导生动又充满激情地为他们讲述为什么带他们到这里，和他们讲述广播事业的重要性……

那个年代，政府的声音，国内外的大事主要靠广播电台传播。王利站在大厅的红地毯上，心潮澎湃。

领导讲完话，王利被带到中控室传音科，他被分配到这里工作。他们的工作有严明的保密纪律，家里人来信问王利究竟做什么工作，王利也只好含糊其词，告诉他们是做喇叭的。

工作了一段时间后，王利慢慢了解了工作的流程。其实广播中所有的声音都是通过中控室的工作人员把胶带转入，再通过胶带转出，这样声音才能传到祖国各地。广播联系着全国的城市和乡村，联系着千家万户。这个时候，王利的使命感油然而生，他感到非常自豪。他下定决心，一定兢兢业业地把这份工作做好，不出一点纰漏，争做一名有为青年。

工作了一段时间，王利见的人多了，谈吐见识也有了进步，理论水平也不断深入，分析问题有自己的独到见解，也展现出一定的高度。通过一系列的培训、考察，不久单位把他分配到微波部门。

王利对微波一窍不通，他只戴过耳机，听听相声、唱歌之类的节目。王利以为里面也应该能听到自己的声音，冲着里面嚷嚷："唱得好，再来一个！"王利那时还接触过一件电器，就是队里的手摇电话。因为好奇，他跑到队里，见没人就偷偷地摇几下，摇通了就冲着电话喊几句就撂下，再摇，再喊，再撂下，能折腾一上午。其实他学过的电路知识不过如此。现在面对微波设备，面对这些精密仪器，复杂线路，王利感到束手无策，不知从何下手。好在王利有家传的韧劲和闯劲，有一股初生牛犊不怕虎的劲头，他边学边用，干中学，学中干，不懂就问。他常向老知识分子请教，这样从基本操作、电路分析开始，王利一步一步学会了往各个发射台发信号等较复杂的技术操作。他的理论基础并不深厚，但因为他勤奋好学，经过一次次反复尝试，他终于能独立完成所有工作流程。这给他带来很大的成就感，也赢得了大家的钦佩和敬重。

1972年4月，王利进京已有一年多了，他看见北京的桃花盛开的样子，不由得勾起他的家乡情结。他知道这时候牛栏山的桃花也开了，要比城区的桃花开得更艳，因为还有其他野花点缀其间，春天的生机勃勃尽收眼底。

王利到中央广播事业局工作后，他常给家里寄钱。村里的人都夸王家家教好，父母有见识，教出个有出息的好儿子。

王利进步非常快，无论是政治思想觉悟，还是专业技术水平，他都得到了大伙和领导的认可，在这期间他加入了共青团。加入共青团，是一个革命青年追求进步的体现。王利想："入了团，就要更加努力，争取早日加入光荣的中国共产党。"

人得有目标，定方向，才能看得远。"顺风而呼，见者彰，听者远。"

入团不久，上级交给王利一项非常重要的政治任务，派他

为善至乐
——记王利

去看管一名"五一六分子"。这名"五一六分子"实际上是单位的一个老师傅，是位知识分子。当年老先生因"出身"不好，大学毕业参加工作以后，说话不注意场合，又不注意分寸，被认定为"五一六分子"。

领导嘱咐王利要特别注意他的安全。王利接受任务后诚惶诚恐，唯恐出现任何闪失。王利本性善良，他没有"严加看管"，而像对待长辈一样，小心翼翼地关照这位老先生。

王利会给老先生念念《毛主席语录》，讲其中的道理，好言相劝。

这位老先生有幸遇到王利这样善良、有同情心的人，王利帮助老先生度过了那段艰难岁月。后来"文化大革命"结束，老先生恢复了名誉，成了单位有用之才，王利功不可没。王利说他自己也从老先生身上学到了不少东西，如何分析问题，如何解决技术上的难点。塞翁失马，焉知非福。王利进步不小，想起自己刚进北京觉着什么都新鲜，什么都不懂，什么都能引起极大兴趣，有时候的表现甚至有点荒唐可笑。所谓"山汉进城，没有见过电灯，电灯一亮，吓得就跑，被土坷垃绊倒"。好奇之中王利又带有一丝恐慌。为什么会产生恐慌心理呢？王利觉得城里规定多，城里人规矩也多。比如，过马路要走人行横道，不能随地吐痰，等等。村里可没这些规矩，也没这么多讲究。俗语说："到什么地头唱什么歌"，王利想既然进了城，在城里讨生活过日子，就得改变自己，按城里的规矩来，也应做个文明人。

为了养成好习惯，王利花8分钱买了块手绢，揣在兜里，时时提醒自己注意讲究卫生，别失礼，别让人笑话。可是一些坏习惯是从小养成的，也不是几天就能改变的。有一次，王利感冒了，正在楼道里走着，经过四楼播音室，每间屋子都会亮一盏红色的警示灯，上面写着大大的"静"字。这时鼻涕正好淌下来，王利拿出手绢想擦，可是一看手绢那么干净漂亮，就舍不得用了。心里还琢磨道："这么好的手绢平生未用过，如拿来擦鼻涕岂不是糟践好东西吗？怎么说也是花了8分钱买来的呢！"他眼瞅四周无人，走到楼道内的大理石窗台旁，飞快地抹了一把鼻涕，然后像贼一样飞快地消失在楼道里。

王利在农村生活久了，他对任何东西都很重视，很珍惜，即使无用，也舍不得丢掉，他绝不浪费粮食，宁可让无用的东西占着空间。王利后来事业有成，发家致富，依旧保持着勤俭的家风。

有一次王利请人吃饭，饭局结束后，桌上还剩下一些主食，还有一个肘子。当着客人的面，王利有点不好意思，或者说有点虚荣心，就说："把主食和肘子都打包，回去喂狗，免得浪费。"但是王利哪里舍得喂狗？第二天就自己全吃了。

第四节　充实的大学时光

1970年，大学重新开始招生，实行群众推荐、领导批准和学校复审相结合的制度，人们把从工农兵中选拔的学生称为"工农兵大学生"。1970年只有清华大学、北京大学等几所大学试行，到1971年扩大到全国各大学和中专学校。

王利所在的广播事业局，也分到几个推荐指标。在群众推荐的基础上，广播事业局领导慎重研究，精挑细选，决定推荐几名政治上可靠、业务上精湛、不满25周岁的未婚的年轻人上大学。

为善至乐
——记王利

在单位公示的红纸上，王利的名字赫然在目。

王利做梦也没有想到自己会被推荐上大学。1972 年 4 月 27 日，王利以中央广播事业局技术员的身份到"北京电信工程学院"，就是今天的"北京邮电大学"报到入学。这是王利人生的又一次大转折，从根本上改变了他的人生轨迹。他又有了新的奋斗目标，经过一年多的工作历练，王利的眼界更宽了，思想境界更高了。王利正处于一生当中最有热情的时期，苟且混日子、浑浑噩噩度时光不是王利的性格。他秉持的是"无论什么事，不干则已，要干就干好"的信念。和王利一起进单位的有 50 人，只有 2 个人被推荐上大学，这是多么难得的机遇啊！

王利坚信只有脚踏实地，努力工作，才可能取得好成绩。

在广播事业局工作得越久，王利越感到自己知识储备不够，他常为遇到的复杂问题头疼不已。虽然他拼命自学，但理工科的知识光靠自学，没有老师指导，很难学会。现在王利有了这样一个千载难逢的好机会，可以上大学，王利想自己一定要有丰硕的收获才行。

大学生活远比单位丰富得多，课外活动也不少。王利在学校里从不攀比，也不找女朋友，他一门心思扑在学习上，他的想法就是利用求学这几年，脚踏实地多学点文化知识，多掌握点技术，将来毕业回到单位才能更好地完成任务，这也充分体现了王利的价值观。他对自己的前途初步做了规划。首先他向系党支部提交了入党申请书。王利在政治思想上逐渐成熟，他没有随波逐流，而是默默朝着理想努力。

1975 年 4 月 9 日，这对王利来说是永生难忘的日子。这一天他光荣地加入了中国共产党。入党仪式时，他面向党旗，举起右拳，庄严宣誓："我志愿加入中国共产党，拥护党的纲领，遵守党的章程，履行党员义务，执行党的决定，严守党的纪律，保守党的秘密，对党忠诚，积极工作，为共产主义奋斗终身，随时准备为党和人民牺牲一切，永不叛党。"

大学三年，王利看了不少书，也记了不少笔记，他的专业能力明显提高。"我向着我的目标前进，我遵循着我的路途。"对王利来说，大学是拓展他人生格局和增长知识的绝佳平台，大学是重新发现他自己的过程，在大学里，他想的就是树立正确的三观，把人生理想融入国家的发展。

王利上大学时还特别注意提升道德修养，筑牢人生的"压舱石"。所谓"见善则迁，有过则改"，孔子说："德不孤，必有邻。""腹有诗书气自华"，王利深知，知识就是美德。

名师指路是一个学生成长过程中必不可少的，有道德风范、有教学能力、能给人以思想启迪的才是名师。王利一次上政治课时，遇到一位讲《国际共产主义运动史》和《毛泽东选集》的老师，他深受启发。王利和多数人一样，之前会背诵不少经典的毛主席语录，但要说系统读《毛泽东选集》，就是上大学这段时间了。深读之后，王利从中不仅学到了政治理论知识，也学到了一些工作方法，主要是学会了分析事物要有针对性、前瞻性、预见性。

上大学期间，王利还特别注意处理好与同学之间的关系，他时刻提醒自己对同学要以诚相待。他入学第三天就赶上五一劳动节，学校放假一天。刚入学大家都不熟悉，王利对同宿舍的刘同学说："走，五一喜庆的日子，出去逛逛，转一转，吃顿饭，喝点小酒。"室友高高兴兴地答应了。二人步出校园，边聊边走，很是自在。两个人在北京大前门附近逛了一周，王利无意回头一看，见一位同学在后跟着。王利同他打了招呼，点点头就算过去了。他俩还是闲逛瞎聊，王利又一回头，那个同学

为善至乐
——记王利

还在远处跟着，像是怕走丢似的。这时候他们路过一家小饭馆，王利二人走了进去，刚坐下，那个同学也跟进来坐在桌旁。王利想，既然来了，就一起吃吧。王利点了四个菜，一个汤，一瓶二锅头，三个大小伙子，聊得高兴，一会儿就喝完一瓶，王利有心再买一瓶，一翻裤兜，尴尬了，哪里还有钱？身上一共10块钱，全都花光了，兜比脸还干净，连坐公交车的钱都没了。王利只好跟他俩说："今天就算了，下回吧，天也不早了，咱回吧！"于是三人起身走出饭店，一路说笑着到了公共汽车站，上了车，王利犯难了，没钱买票。王利看着那个同学手里一沓10块钱的钞票，他心里嘀咕："你有钱为什么刚才吃饭不付款？"王利不好意思张口借5分钱买票，他假装突然想起什么事似的，对两位同学说："你俩先走，我还有点事。"说完转身下车走了。王利望着远去的公交车，心里一阵酸楚：这真是一分钱难倒英雄汉哪！没办法，他硬生生走了三个多小时才从前门走回学校。这件事让他颇为感慨。

人与人之间是不同的。王利属于热情的、甘为朋友两肋插刀的类型。也许会有人说，王利是死要面子活受罪，但王利不赞成这种说法，他说："就好比请客吃饭，一到快结账的时候，就有不少人找借口打电话、上厕所。我没那么多事，我去结账，有钱也好，没钱也罢，我都一样买单。我这样做，得到了周围人的认可。有人说我是傻子，我认，我觉得说我傻是对我的认可，我愿意当这种傻子，我觉得我花了这个钱心里很舒服。"王利继承了家族和他父亲为人豪爽、待人热情、不拘小节的品德与"吃亏是福""钱和人比永远排第二"的理念。王利宁可自己吃亏，也不轻易张口向别人借钱。

"人之道，为而不争；天之道，不争而善胜。"

第五节　小荷才露尖尖角

经过三年多的大学学习，王利以优异的成绩毕业了。他背着满满的行囊离开了学校，满载而归，回到单位。可以说这行囊里不仅装着知识，还装着对未来、对梦想的美好憧憬。刚回到单位，组织给他换了个新部门：无线电台管理局。他不知道这个局具体做什么工作，但是作为党员，他二话不说，马上投入新的工作岗位。这一年王利24岁，风华正茂，正是大显身手的年纪。

还没等熟悉新的工作环境，王利就接到命令，要去昆明执行一项重要任务。单位领导组织了6名技术骨干，任命王利为队长，王利不敢怠慢，接受任务后立即率领全队人员乘火车出发。

任务为什么这么紧急呢？当时我们的电台是苏联帮助建设的，苏联专家对我们电台的频率和设备非常了解。两国关系紧张时，苏联方面就开始干扰我们的信号，信号传输不出去，即使传输出去杂音也很大，严重影响传输效果。

这下用上了王利所学的专业——微波。用微波传送信号对方就无法干扰。北京这边发信号，其间要通过四十三个微波站传递信号，信号接收后，再传送到昆明收音台，最后送到发射台。要完成这个流程，就必须越过滇池边上的西山。西山太高，挡住了信号，导致信号发不出去，为了解决这个难题，王利他们苦思冥想，终于想到了解决的办法。那几个月正赶上昆明雨季，阴雨连绵，山高路滑，泥泞难行，险恶的环境使施工难度剧增。时间紧，任务重，大家也顾不上这些了，每个人心中只有一个信念：尽快完成上级交给的艰巨任务，不辜负组织的信

为 善 至 乐
——记王利

任。为攻克这道难关，他们决定冒雨作业。六个人连扛带拽，把架设的器材扛上山，架起了两个三米二的"大锅"，信号终于通了！但是还是有杂音，影响收音效果，他们不断调试，除去杂音，清晰的信号从云南昆明501台传播了出去。任务初步有了进展，王利他们甭提多高兴了。

王利一行在云南攻坚那段时间，可以说是他成年后生活最艰难的时期。当时上级给他们安排的住所距离工地很远，每天往返路上的时间多达两个小时，既耗费体力，又拖延工程进展。可是到哪里找稍微近一点的住处呢？时间紧，任务重，王利他们大着胆子找到云南省委宣传部，向他们说明情况和工作任务，希望组织能帮忙解决住宿问题。宣传部的同志可能有点误会，以为他们是代表中央广播局的同志到云南做宣传工作的，所以立马安排了住处。一件难事就这样解决了。但王利他们没住多久，上级还真派广播事业局的同事下来检查工作，一时让省委宣传部摸不着头脑："检查组不是已经进驻了吗？"得知情况后王利赶紧把情况说明了一下，误会也就解开了，宣传部的同志也没计较，因为大家知道这都是为了党和人民的事业。

因为远离生活区，居住条件很艰苦，连生活必需品都没有，王利一行吃了不少苦头。半年多大家都没吃过一口肉，有几位同志都有点熬不下来了。但这些苦对王利来说，他觉得算不了什么。王利觉得受点累、吃点苦不是什么坏事，那段经历可以使他在任何恶劣的环境下心态平和地生存下去。这也是王利的优点，他总能及时调整心态，然后乐在其中。

"我活着，我做事，我快乐！"

王利这种乐观向上不言苦的良好心态，无形中感染着那几个队员。王利嘴笨，不会说什么大话给大家鼓劲，但那积极向上的心态和兢兢业业、埋头实干的精神潜移默化地影响着身边的人。他是个称职的队长，他不爱说教，他选择带头干。常言说得好："人心齐，泰山移。"王利一行人在使命的感召下，坚守着责任，齐心协力，不仅如期完成了上级交办的任务，而且还一举荣获云南无源转接项目国家科研进步二等奖，填补了当时的一项科技空白。无线总处也发来贺电，表彰他们。对他们来说，这一年也是他们一生中有代表性的一年。他们取得的成绩，在很长时间都被业内人士称赞不已。

获得国家二等奖，得到了二百元钱的奖励，如果六个人分的话，每人可分到三十多块钱，也是一笔不小的收入，相当于大家半个月的工资。但是当时按照规定，荣誉可以给到个人，奖金需要归集体，队员有人难以释怀，王利稍加劝慰，大家也就接受了，依然满腔热情地投入工作。

这一年王利在工作上不仅取得了技术方面的进步，他还锻炼了自己在艰苦环境中工作和带领队伍的能力，最后项目还获得了国家科研进步二等奖，自己也得到单位的肯定和同志们的认同，对王利来说，这是硕果累累的一年。

1976年这一年连续发生了几件大事，让国人陷入无限悲痛之中。1976年1月，敬爱的周总理去世，全国上下哀悼。5月，朱德委员长去世。7月28日，又发生了震惊中外的唐山大地震，全国进入紧急救援状态。当人们还没有从灾难中缓过神来，更大的不幸又传到山里：1976年9月9日，伟大领袖毛主席与世长辞。

王利他们在广播中听到噩耗，悲痛欲绝，他们面向北京方向，肃立致哀，泪如雨下。

1976年10月，"文化大革命"彻底结束，我国的社会秩序得以恢复，党和国家的工作开始重新走上正轨。

王利在无线电台管理局工作五年多了，基本上都是在外地奔波。从云南回到北京时，他屁股还没坐热，上级的任务又到了。于是原班人马火急火燎地赶往新的地方——河北6521工地。这次他们的任务是用新技术把常年在大山上值班的人员解脱出来。这需要把一整套安装系统全部搬到河北涞源县，途经4个县，全程200多千米，最后抵达坪山收音台。整个工期用时280天。高强度连轴转的工作虽然很辛苦，但王利想到能让那些常年在山上工作的同志回家和家人团聚，他觉得这项任务很光荣。任务顺利完成，他们再一次没有辜负上级对他们的信任，大家心里的自豪感油然而生。几年的理论联系实际的锻炼，为王利日后的事业发展奠定了坚实的基础，他诚实纯朴、落落大方的性格再次得到大家的称赞。

广播事业局的业务发展很快，科技含量越来越高。单位招聘了不少新毕业的高科技人才，其中还有几名研究生，技术更是了得。王利深感自己的知识储备已远不能胜任这份科技含量高的工作，他知道光靠工作热情和吃苦耐劳是远远不够的。王利记得当时业务考试有一道微积分题，有一位1938年毕业的大学生，姓罗，当时60来岁，是名老工程师，他戴着两个酒瓶底一般厚的眼镜，看上去又瘦又弱。但是解起题来，思路敏捷，又快又准，用了整整四张纸，一步一步写出答案。王利看着天书一样的数字、公式，他觉得太震撼了，和人家相比，王利的业务能力还是薄弱。

"人无远虑，必有近忧。"王利提醒自己不要在一片赞扬声中迷失自我，他根据单位的实际发展状况，分析目前工作形势，他决定对自己下一步的发展及时进行调整，准确分析，更好地规划未来的发展道路。

正在王利焦虑不安的时候，机会不期而至。一位正在筹办《电视周报》的领导找到王利，对他说："愿不愿意换个行当，调到《电视周报》来，做报纸发行工作？"王利一听，怦然心动。有这个机会，他或许可以摆脱现在工作中的困境，让浮躁的心安顿下来，说不定会有个好的前程。做报纸发行比原来的工资会多10元，正好补贴家用，改善生活质量，这个诱惑力是不可阻挡的。领导对王利说，如果调过来，会给王利配一辆嘉陵摩托车做业务发行。那时王利连自行车也买不起，在那个物资极度匮乏的年代，摩托车绝对是奢侈品。王利爱车，他早想有一辆摩托车。但他的工资除生活用度外，所剩无几，也只能想想。

王利答应了这份工作的邀约。他也信心十足，认为自己能胜任这份工作，于是他写了请调报告。王利在科里吃苦耐劳，为人不计较，人品好，科长说什么也不放人，就是不签字。王利无奈，只得去找处长。王利找到处长说明来意，处长也不同意。过了一段时间，科长要出差，他不在的时候，科里的工作由工程师负责，一切由他说了算。王利就去找工程师。工程师是个东北人，为人耿直坦率，他问王利："干啥来了？"王利把请调报告递上去说："请您帮我签个字。"工程师边看边问："调到那里有啥好处没？"王利如实回答道："每月多涨10元钱，另外给配个嘉陵摩托车。"工程师听完，说："好事，这可不能耽误了你。"请调报告批了。王利心里太高兴了。

第三章 跨过人生的几道关

王利父亲语：喝凉酒，使官钱，终究是病。

第一节 《电视周报》的大忙人

1981 年春天，王利正式来到《电视周报》。

《电视周报》筹备创刊时，报社领导第一时间想到的就是王利。通过在工作中长期的交往和观察，他发现王利的优点很多。其他的不说，真诚待人这个优点就难能可贵。报社给王利开出的工资是：一个礼拜组织人到印厂捆一次报纸，补助两元一角钱，还有四毛夜间加班费。这样四个礼拜就是十元钱，再配上摩托车，这丰厚的待遇足以打动王利。一个月多挣十块钱，还拥有一辆摩托车，这些物质上带来的满足，只是暂时的欢乐。从更长远的角度来看，王利的性格更适合这份工作，他也充满了无限憧憬。

王利工作顺利调动的喜悦持续了很长时间，他也兴奋了很长时间。他把这种热情和激情都带到新的工作中。他要在新的岗位创造新的业绩。

王利每周夜里十二点组织人把印出来捆扎好的《电视周报》，连夜配送。早晨5点，天刚蒙蒙亮，就全部分送到北京各邮局了。很快，北京各城区的报摊上就都摆上了。王利看着街上的市民花钱买《电视周报》，很有成就感。可以说，王利从无线局调到《电视周报》，是他工作上的一次大转折。

随着经济水平的不断上升，人们的生活水平也明显提高，有电视的人家渐渐多起来了。《电视周报》发行量大增，工作量也越来越重。领导分给王利的任务越来越多。除了搞发行，还把财务这一块的管理也交给他。最后连纸张、印刷、后勤、跑腿等杂事也全交给他打理，王利俨然是个大管家。这也练就了王利多方面的能力，如经营能力、管理能力、社交能力、协调能力等。王利事事亲办，把工作安排得井井有条。

第二节 广告界"黄埔一期"的学员

《电视周报》的广告业务量急剧增加，广告部需要专人负责，王利又自告奋勇地接手广告方面的业务。广告业对王利来说是个陌生的领域，可以说是一窍不通，但领导依然大胆起用王利，让他全权负责广告部。

进入广告行业，王利接触的人明显多了很多。王利发现了广告行业的生命力，他将精力和目光投放到广告事业上。这个举动改变了他的人生轨迹。

《电视周报》是中国广告协会会员之一。当时协会组织了全国各省市广告协会会员到各地考察，王利有幸参与其中。他思路敏捷，善于交往，在与其他业务工作人员打交道的过程中，他不仅学到了更多的业务知识，也获得了好人缘。当时广告协会第二次全国代表大会在北京召开，会议期间，王利作为会务组的工作人员，他的热情随和和细致周到让代表们记忆深刻。

1984年，广告协会在河南举办广告培训班，这是中国广告行业举办的第一次系统专业培训，被人称为广告界的"黄埔一期"。王利作为第一批学员参加了培训，他在培训中学到了不少广告专业知识，为他以后的工作打下了坚实的理论基础。

《电视周报》1981年1月1日创刊，王利是创始人之一，1986年改名为《中国电视报》，它是中央电视台主办的唯一面向国内外发行的国家级电视报，主要业务是预告、评价中央电视台和中国都市电视节目，同时刊登全国省台卫星节目，报道屏前幕后的新闻和中外影视动态，提供与影视节目有关的延伸服务，每期向国内外公开发行300多万份，是当时国内发行量最大的报纸之一。《电视周报》的影响力非常大，王利依托这一全国最高层次的电视报纸类平台，工作不断腾飞。

第三节　高悬在头上的警钟

随着报纸运行步入正轨，发行量越来越大，工作量显著增加，王利向单位领导建议购置一辆公车，开车出去办事、联系业务要比摩托车方便多了，安全系数也高，摩托车在路上毕竟不安全，万一有什么闪失，人也好、报社也好，损失就大了。社里领导综合考虑后，同意了。这么多年来，他们对王利知根知底，他们知道王利不是以公谋私的人。这样，王利开上了人生中第一辆小汽车，那辆车是吉林轻型车厂生产的，俗称"小吉林"。有了汽车，工作果然方便多了。过去骑摩托车风里来雨里去，既辛苦又不安全。

靠着踏实肯干、诚信待人的处事原则，王利的业务做得越来越好，收入也不断增加。这不可避免地引起一些人的忌妒，但王利一直腰杆挺直、襟怀坦荡。他一直记得刚来北京工作的时候，临走前父亲对他的叮嘱："喝凉酒，使官钱，终究是病。"这句话也被王利一直视为做人做事的座右铭。这是他做人的底线，是他一生都不会踩的红线。大爷在当年那么艰苦的日子里，从豆秆里剥出来的黄豆都没有往自家拿，而是全部烀了喂了牲灵，王利看在眼里，记在心里，刻在骨子里，不占任何人的便宜已内化为他的行为自觉和本能。

小人长戚戚，君子坦荡荡。现实生活中，有广告投放业主想给王利送礼，每次王利都想起父亲的教诲，始终恪守本分，"该是我的钱我拿，不是我的钱一分都不要。""君子爱财，取之有道。"

第四节　与"小霸王"结缘

报社领导很信任王利，决定让王利专管广告部。

王利接管广告部后，有个姓杨的朋友来找他，说有件事想请他帮帮忙。王利问："啥事？"老杨说："广东中山怡华集团旗下，有一家专门生产游戏机的企业，叫'小霸王'公司。它们公司目前规模很小，处于起步阶段，还没什么知名度，是电视台的一个小客户。能不能在《电视周报》上策划一下，扶持一下民营企业？"

为善至乐
——记王利

王利笑道："小霸王？没听说过，干什么的？"

老杨答道："是这家公司主打的一款产品，是一种电子游戏机。"

王利向老杨详细了解了产品的性能，商谈具体操作细节，但老杨没有决定权，也拿不出具体的方案和要求。王利觉得既然同老杨谈不出什么结果，就有必要去见见决策者了，他需要详细了解客户的需求、想法和期待目标。王利和老杨一起坐飞机从北京飞到了中山市，在老杨的介绍下，王利见到了公司的总经理段永平。

这是段永平和王利两个人的初次见面。段永平非常热情，盛情款待，没有一点儿厂长的架子，平易近人，一下子就拉近了两人的距离。段永平虽然年轻，但目光犀利，内心强大，果敢，有魄力。段永平提出一个在当时来说全新的提议，他想搞一个"读报有奖活动"。王利听后眼前一亮，赞叹他是个有想法的年轻人，他听完具体的细化方案后，非常赞成这个方案，并适时提出了提高奖项档次的建议："头等奖是否可以奖励一台彩电？"段永平问他："为什么要提高？"王利说："这样可以提高读者的参与度。"段永平沉思片刻，认为王利说得有道理，于是当场拍板，双方达成了一致意见。王利马不停蹄地飞回北京，开始具体筹划。

段永平是江西泰和人，出生在南昌。他本科毕业于浙江大学无线电系，后又考入中国人民大学计量经济学专业，1988 年硕士毕业。凭借高学识、高学历、高能力，他被分配到北京酒仙桥电子管厂，后来怡华集团领导决定让他挽救这家企业，28岁临危受命，担任怡华电子厂厂长。

段永平面对这个烂摊子，毫不气馁，亲率工程技术人员，科学攻关，主动拥抱市场，专攻电子游戏机等新产品，帮助企业彻底转型。这次广告策划就是为了打开销路，他想在《电视周报》上做为期一年的宣传活动。

　　王利了解了背景后，对这个年轻人的学识、胆识和眼光不由得暗暗赞许，决心尽力相助，一回到北京就琢磨起来。受段永平"读报有奖"活动的启发，他在周报上也搞了一次创新，率先开辟了一块新闻专栏，在专栏旁边刊登了印有两个拳击手套相搏击的"小霸王"游戏机商标的报花。欧洲广告之父塞盖拉说："广告不仅要有很好的主意，而且要有令人吃惊、与众不同的主意。"把"小霸王"的商标印成报花，再拿丰厚的奖品来吸引读者，不仅可以在短时间内让大众对"小霸王"的商标留下印象深刻，使小霸王成为当时市场上最热门的商标，还能为观众带来新奇的活动体验。

　　3个月共13张报纸，读者只要把"报花"剪下来，贴在一张纸上，积累够13个，寄到《电视周报》"读报有奖"活动办公室，就有资格参加抽奖。这种新奇的策划方式一炮走红，效果出乎意料的好，信件从全国各地像雪片一样飞来。邮件在邮局装进麻袋，装满一车就运进《电视周报》活动办公室，多达150万封信，堆积如山，连走廊也都占满了。要拆阅这些信件，工作量非常大，远远超出预期。先要剪开信封，用曲别针把报花别好，排列整齐，叠成一沓一沓的。人手实在忙不过来，而这个活动又非常讲究时效性，越快越好。正在大家看着堆成山的麻袋一筹莫展时，王利思维敏捷，动员全社工作人员从报社往家扛麻袋，按件计酬，规定拆一个信封给一分钱。这种"按件计酬"的奖励政策也是一种创新，这样一来，拆一麻袋邮件差不多能赚上百元钱，极大地调动了大家的积极性，工作人员纷纷往家扛。王利以身作则，带头往家扛，一家老小齐上阵，忙得不亦乐乎。

　　等到抽奖仪式开始的时候，午间新闻、晚间新闻、体育新

为善至乐
——记王利

闻等几大热门频道同步播出。首先由公证处的两名公证员面向全国的电视观众宣布本次抽奖活动合法有效，王利请来中央电视台著名主持人担任抽奖现场主持。抽奖晚会热烈而有序，高潮迭起。"小霸王"这一品牌形象驰名天下，大江南北妇孺皆知。

宣传策划效果之好，远远超出王利和段永平的想象。这种形式在电视台节目中还是首次运用。

站在现场一角的王利，看到这热闹场面，既腼腆又高兴，既亢奋又沉静。王利是此次营销活动的开拓者、先行者。在这之后这种抽奖类活动被各大媒体、各电视台、各刊物纷纷效仿，但都未达到小霸王的宣传效果。

这次合作后，段永平真心喜欢上了这个有点儿孩子气的大哥，由此建立了他们长期合作的坚实基础。

几个月后，段永平在"小霸王游戏机"的基础上又开发出新产品"小霸王学习机"，以适应市场需求和教育需求。王利又为此产品策划广告。有了上一次的大获成功，这次在宣传上必须另辟蹊径，否则同样的方式容易引起受众心理疲劳，而且市面上效仿的企业太多了。广告策划，它难就难在让观众们喜闻乐见、过目不忘，听过之后还如余音绕梁，让人不禁时时回想，这样才能达到良好效果。那么对广告人来说，策划成功的秘诀之一是保持内心的敏感与童真。

为此，王利和同事胡铮两人经过反复商量，决定这次为"小霸王学习机"编一首儿歌，既要通俗易懂，又要有趣好记。两人常在马路边上边喝啤酒边谈，一天晚上，正在啤酒摊上喝啤酒的王利和胡铮两人立即在路边就把儿歌的初步创意想了出来，马上告知段永平，段永平表示认可，让他们按照这个思路继续往下想。后来在段永平的参与下，大家共同发挥，很快做出了"小霸王"的儿歌版广告：你拍一，我拍一，"小霸王"出了学习机；你拍二，我拍二，学习游戏在一块儿；你拍三，我拍三，学习起来真简单；你拍四，我拍四，包你三天会打字；你拍五，我拍五，为了将来打基础；你拍六，我拍六，"小霸王"出了486；你拍七，我拍七，新一代的学习机；你拍八，我拍八，电脑入门顶呱呱；你拍九，我拍九，21世纪在招手。

　　当时段永平在研发上投入了大量资金，这次广告宣传的费用很紧张。王利通过这两次的合作，对段永平十分敬佩。王利主动借给段永平四百万元作为广告投资的先期费用。"万一转型不成功咋办？"段永平问王利。王利说："反正我的钱都是从你那儿挣的，大不了又还给你。我会坚持到最后一分钟，如果实在坚持不住，我再给你打电话。"

　　王利说得很轻松，但心理压力非常大。在电视台播出前期，始终处于既兴奋又紧张的状态。一向坚持做事就要做到位的王利，天天琢磨，夜夜回想，一遍又一遍地打磨广告儿歌的歌词，反复观看广告录制片，一会儿觉得歌词不够简单易记，一会儿觉得背景音乐不够轻松愉快，一会儿觉得灯光打得太亮不够柔和，一会儿觉得小演员的表情不够自然到位，笑容的感染力不够强……那段时间，王利像丢了魂似的，一会儿傻笑，一会儿摇头，一会儿嘴里不断念叨着"你拍一，我拍一"，让身边的人都觉得他发了神经。有次甚至在深夜里把导演和演员全部叫醒，拉到摄影棚重新录制广告，导演和工作人员苦不堪言。

　　直到向电视台送播的前一天，王利看到最后一稿的广告片，才露出了满意的笑容，说："抓紧报送！"身旁的工作人员这才长舒了一口气。第二天，这个广告一经播出，再次大获成功。几乎是在一夜之间，全国的小朋友都学会了唱小霸王学习机儿歌，校园、花园、公园里随处可见在玩着拍手游戏的快乐孩童，不停地唱着"你拍一，我拍一，小霸王出了学习机……"无意间唱出广告词的少年儿童，都成为小霸王学习机的活广告和代言人，这首小霸王学习机儿歌响彻大江南北，传遍大街小巷。

这次广告的成功，王利他们荣获了由中国广告协会颁发的广告、创意、广告词等几项大奖，中央电视台经济频道为此还办了一台现场直播的获奖文艺晚会。王利凭这个广告开创了事业新的辉煌。

第五节　处处为对方着想

做生意的人应诚实本分，讲诚信。王利认为这是做人做事的基础。那么交友有没有具体的标准呢？

王利说："你说没标准，那是瞎说。我交朋友需要'观察'。在一块说话、一块办事，特别是在非常细小的小事上，就能知道个八九不离十。别人看我像个粗俗的人，衣着随便，举止随便，说话世俗。其实我是个很细致的人，只有不了解我的人才认为我是粗人。我可以拍着胸脯说，我的心很细。但是我不说，从来不说。有人说我故意装傻，我是不是在迷惑别人。其实不是这样，我知道你是什么人就行了，没必要说出去。古人说'听其言，观其行'就是这个道理。所以，如果你认为我傻，那你才是真的傻。"

王利还说："观察是个细活。我不仅观察你，还要观察你对同事、对同学、对朋友、对父母是不是都好。我听别人对你的评价，看你的表现，不一定是什么惊天动地的大事，很小的细节我都能感觉到。过去我是广交朋友，慢慢聊，慢慢筛，一件事一件事都很在意。碰到和利益直接相关的事，表现就会不一样。小利益你能处理好，那么大事也一定会处理得漂亮。这就是逻辑分析法。"

王利说："交友不能只看是否有共同语言，是否性格相投，更不能有功利心，想着是否能帮我忙，是否和自己一个档次，是否对我有用。你观察别人，别人也观察你，你用'心'这杆秤去称别人，别人也会称你。"

所以，朋友绝不是以有用没用论的，因为存在利益关系、存在利用价值才成为朋友，这根本不是真正的"朋友"。真正的朋友，会设身处地为对方考虑，特别是在对方有困难和需要的时候，更能体现出朋友的可贵。

王利在日后经商的过程中，就形成了他这种"处处为对方着想"的朋友观，正是这种朋友观为他带来了良好的口碑和生意上的持久性。

第六节　明白财富密码的人

一位有志向、有担当的人，首先表现在他对家人的关爱、对家人的守护上。王利想要改变原生家庭的窘境是王利奋斗的原动力。一个人能否成功，受很多因素影响，包括家庭出身、学历、机遇等，但王利觉得主要还是看这个人的思维方式和前进方向。王利总结自己广告业务成功的经验时说："要相信命运靠努力才能改变，努力、勤奋是事业成功最基本的素质；找到

为善至乐
——记王利

一个可以合作的伙伴，是你能够取得成功的关键。要有眼光，要有信息意识，还要有投资的意识。"

其实，没有钱、经验、阅历、社会关系，都不可怕。没钱可以通过劳动去赚，没经验可以在实践中总结，没有阅历可慢慢积累，没有社会关系也可以一点一点去建立。但如果没有梦想，没有方向，就很难有所成就了。要用好的心态去工作，心态决定成长的高度。王利在苦难面前不抱怨，他知道如果只知道抱怨就会失去动力，看不到前途，人容易变得沉沦。他说："我没时间抱怨，我把抱怨的时间都用在把手头的工作做好上。"我们不能改变所处的各种环境，只能适应面对的环境；我们无法改变别人，那就改变自己，这是聪明的生存法则。

在做广告业务的过程中，王利的投资意识也慢慢培养起来了。王利在好友池燕明的带动下，开始涉足股市。王利觉得炒股能培养一个人对市场的敏感度。当然，股市有风险，风险大，收益也大；一旦损益，损失也大。炒股实际是炒心态，非常考验一个人的心理素质。

我们常说："你不理财，财不理你。"这句话充满辩证法，透出了大智慧。会花钱带来财富的增长速度，远大于省钱。有时候，会花钱反而能创造良性循环。王利说："我对经济学一知半解，但我清楚，必须让钱流动起来，不要成为死水。要充分让手中的金钱流动起来，让手头的资源得到优化配置。"

其实王利的财富密码其实很简单：越为社会谋福利，财富就来得越快。每次与朋友吃饭或参加其他活动要花费，王利都主动结账，他认为该花的钱要舍得花，该帮助家人朋友就要尽力相助。他懂得人不仅要为自己活着，还要兼顾亲朋好友，所以他努力为身边人的生活营造出温暖有爱、轻松愉悦的氛围。

第七节　格局决定高度

"谋大事者，首重格局。"不谋全局者，不足以谋一域。

孔子云："君子不器。"是说君子不应该像某件器物一样，作用仅局限于一个方面。这是在教导我们做人不可狭隘，不能只看到一草一木，而应该敞开胸怀、放开眼界，要有站在高处俯瞰生活的格局。

有时我们看到的世界，只是我们的内心"选择"看到的样子。这种"选择"往往都是不易察觉的。当一个人的内心充满某种情绪时，心里就会带上强烈的个人偏好，继而会从客体寻找因素佐证。《吸引力法则》认为一个人选择相信什么，他就会成为什么样的人。你相信什么，你就能看到什么。而你选择相信努力，就会发现努力真有回报。

所以，决定人的视野的，决定人能看到什么风景的，不是人的眼睛，而是人的见识和格局。这个世界上，真正能代表你水平的、展示你生命层次的东西，不是金钱，也不是名利，是你的见识与格局。

通过王利的成长之路，我们不难发现，他的经历、阅历，以及对事、对人、对金钱的态度，从中可以看到他的格局，所以他的成功有必然性。

对王利来说，长久以来存在内心深处的一句话是："钱与人比，永远排第二。"他从不会因无钱无势对朋友冷落，也不会因朋友有钱有势而谄谀。他在幼年生活困苦时如此，日后发达了也是如此。他说："只能人负他，不可他负人，借人钱财不索，欠人钱财必还，否则我会浑身难受得睡不着觉。"正是把金钱看

为善至乐
——记王利

得如此淡薄，把感情看得如此重要，所以他能吃亏，他乐于吃亏，肯吃难吃之亏，将"吃亏是福"视为准则。能吃亏的人，胸怀自然就大。海纳百川，有容乃大。胸怀大了，自然能容。在第一次策划小霸王广告时，王利请来了著名的央视主持人，当时老杨答应会支付劳务报酬，以答谢请来的贵宾。最后节目的效果很好，老杨却没履行诺言，这让王利陷入被动。王利没有心生责备，只是自己默默做好了欠下的人情等以后补偿的准备。他内心还感谢老杨，他知道若不是经他引荐与段永平结识，自己不会取得广告事业的辉煌，也不会有日后与段永平堪比金坚的深厚情谊。

俗语说：心有多大，舞台就有多大。心有多远，人生就能走多远！此处的"心"，通俗来说就是理想，就是目标。欲拥格局，不单要放开胸怀，还要放开眼界。在山谷底只能看到溪水绿苔；站在半山，只能看到对面山上的情形；如果站在山顶，那就是"一览众山小"的眼界。有些风景，如果你不站在高处，永远体会不到它的魅力；有些路，如果你不走，永远不会知道它的美丽。

王利常说出身不由自己选择，但命运可以由自己把握，上帝偏爱的不是出身高贵的人，而是努力奋斗的人。进取心是激发人们抗争命运的力量，是走向成功的动力。

人的一生就要不断地拼搏，至于拼出什么结果都不后悔："三分天注定，七分靠打拼。"人生不如意事十有八九，就算你是一个十分幸运的人，一生中难免有一个时段处于艰难时刻，恰恰这个艰难时刻是考验一个人有无实力、有无坚韧毅力、能否勇敢面对的关键。不要羡慕别人的辉煌，也不要眼红别人的成功，忍受寂寞，甘于付出，只求耕耘，不求收获，相信生活一定会给你丰厚的回报。人生最大的价值，就是在有起有伏、多姿多彩的生活中体会其乐趣。古今中外、寰宇天下，出身卑微但不甘沉沦，通过自己默默努力改变命运，最后成为名人志士的例子太多太多。"我命由我不由天！"

有大格局的人，在人生的关节点才会取舍。王利舍弃"铁饭碗"，自己创业广告公司，也是做出了取舍。人生是一场未知的旅程，每个人究竟能从人生中看到什么，感受到什么，需要每个人拼尽全力去争取，只有怀有积极心态，才能从容应对人生。

王利后期在事业上也有过起伏，也曾出国逃避，最后经过反复思考，他勇敢地回国解决问题，表现出他沉思后的成熟。我们无论做什么事情，都应抱着"尽人事而听天命"的态度，不因为有自己不能左右的因素就不去努力，更不能因为自己努力了，最终却失败了而去怨天尤人。王利与合作伙伴做事，把情谊放第一位，利益排第二。

俗话说：近朱者赤，近墨者黑。你想成为什么样的人，那你就和什么样的人在一起。想健康就和健康的人在一起，因为他会告诉你如何锻炼，如何保养；想变得积极快乐，就和快乐积极的人在一起，他会告诉你如何拥有快乐积极的心态。想变得优秀，那就跟优秀的人在一起，受他们思想的感染，假以时日你也会变得比以前优秀。由此看来，你身边的朋友足以影响你的人生。人与人交往，最吸引人的东西还是人格魅力。

人格魅力是一种说不出的感觉，但可以很明显地从某个人身上散发出来，令人产生好感，甚至仰慕之情。它同时又是一种神秘的不可抗拒的力量，是在与人交往时自然散发出的吸引力、感染力、折服力和影响力。朋友们总说和王利相处交谈有一种如沐春风的感觉，和王利在一起，总是充满欢乐，充满笑语。

王利社交能力很强，拥有和不同年龄段的人打交道的能力。他非常乐于向年轻人汲取能量和活力，了解年轻人的思维和思想。王利认为真诚待人、诚信做人很重要，像段永平、池燕明都比王利小十几岁，王利在和他们打交道的过程中，也学到了很多。

王利说他也讲不出他为什么有那么多朋友，他只知道他在与人交往时，总能耐心地听对方倾诉，懂得付出更多的情感，他永远把人情放第一位，他的善意也让对方感到温暖和快乐，愿意和他打交道，也愿意回报其善意。

善，即魅力。

第八节　难以跨越的人生关口

王利说，人生有四关："名"关，"利"观，"生"观，"死"观。这四个关，关关难过，关关必过。

他说："我不图名，做什么事我都不图名，我能做得到。"

俗语说：雁过留声，人死留名。人都有虚荣的一面，总想露个脸，总想让别人知道自己。王利说自己在名的面前是后退的，脑子里没这个"名"的概念。小霸王广告词获奖时电视台通知他去领奖，他婉言谢绝了。他觉得喧嚣过去，一切应归于平静。淡然处之，好像什么事也没发生过。

王利不图名，不刻意求名，但他的名声在朋友圈、广告圈里依然响亮。他的名声是实的，是大家口口相传传出来的。他的朋友，首都医科大学临床心理学系主任、教授、博士生导师杨凤池，这样评价王利："这个人是有口皆碑的仗义之人，他人借钱不索，自己欠钱必还；他是又憨又傻，对朋友义字当先。"他也认为王利是个奇人，奇在何处？他说："他不是企业家，却能做成大生意；他不是名人，大家却朝他靠拢；他不是高官，大员也向他致敬。"

王利做了许多慈善事业，给家乡盖澡堂子，带头为环保事业捐款，等等，别人要宣传，他都不让。他不谋私利，始终保持忠厚善良的品性，把"吃亏是福"当作做人的基本原则，把"知行合一"的理念践行在日常生活中，他的人格魅力为他赢得了名声。

人生第一关——"名"关，王利顺利通过。

那么"利"关，王利能不能过？

"天下熙熙，皆为利来；天下攘攘，皆为利往。""人为财死，鸟为食亡。"有多少人在利的面前栽了跟头，甚至折戟沉沙。

好友杨凤池这样总结王利对"利"的看法："经商就要得利，而不能亏损。人人都要得利，那么就意味着必有吃亏的。要想跟人不一样，就得跟人不一样。其实，大家都在找吃亏的人，这样一来肯吃亏的人就商机无限，最终别人看到的就是'吃亏是福'。"

在博导好友丁俊杰的眼里，王利是一个活雷锋，永远把利益放第二，人情放第一。当别人有难事的时候，他不仅着急，还愿意用自己的力量帮助朋友渡过难关。

大学同学田亚非说了这么一件事：王利极重视同学情谊，2019年5月他建议组织一次全班聚会，外地同学的所有费用由他负责承担。这次聚会圆满成功，大家在高兴之余也收获了满满的感动。

还有一件事，更见王利的境界，见其格局。

王利2005年11月2日成立了北京顺天绿色边坡科技公司。

为善至乐
——记王利

他说:"环保这个东西你不能碰它,不碰你不懂,一旦你碰它,它让你上瘾。"他说他身上有一种责任。王利说:"我觉得这个事有意义,我就干了。我立志通过我的努力,让北京市民少吸入一粒污染物,多吸一口新鲜空气。"他总是强调:"钱很重要,但它不是最重要的。"

人生第二关——"利"关,王利顺利通过!

第三关,如何看待"生"的问题,也就是该怎样生活,怎样度过自己的一生?

王利认为人生就是要寻找快乐,去主动追求快乐,去创造快乐。快乐不是别人送给你的,也不是有钱就能买来的,快乐需要自己用心热爱生活、热爱生命,才能体会出来。王利的朋友都认为他是个有趣的人、快乐的人,和他打交道无形中能感受到他内心世界的快乐。

快乐是正能量的人生态度。王利之所以被人尊重,让人喜欢,就是因为他身上散发出正能量的磁场,所以朋友会被他吸引,被他感染。作家赵华认为:"如果我们能以平常心去看待人生,就等于给自己的生活挖掘了一眼永不枯竭的快乐之泉,那就会有幸福,拥有健康。"

一枝新芽会唤醒春天,一片落叶会绘出秋天。有趣的人会把平淡的日子过得生机勃勃,多姿多彩,也会让身边的人跟着快乐起来。王利常跟别人说:"只有对生活拥有持续的情感,才会发现生活中更多的乐趣。"

人间寻常事,最抚凡人心。

快乐的境界有高有低。因付出而得到的快乐,才是最高层次的快乐。这些快乐与贪得无厌的快乐相比,云泥之别。用这个标准来衡量王利的快乐,王利似乎获得了最高境界的快乐。王利作为一个农村出身的孩子,完全靠自己以诚信立本,以厚道交友、吃亏是福的理念立足，无论在单位工作，还是在商海拼搏，他都为自己赢得了好的声誉。

王利现在虽然退休了，但是他的快乐与日俱增。王利的快乐既简单又随意，既纯朴又不失天真。

人在社会上生活，不可能没有烦心事，王利也一样。王利说关键在于遇到烦心事采取什么样的态度去处理，去解决。有一次，一个朋友问："看你每天快快乐乐的，随心所欲，既让人羡慕，又让人忌妒。难道你就没有烦心事？"王利笑道："我和你一样，真有许多烦心事，尤其是越近的关系，处理起来就越不容易，活得很累。像我这样一个好面子的人，面对亲戚、朋友、家里的、社会的方方面面都要照顾到。可是，当你尽心尽力做了好事却得不到别人的认可，还要用逆向思维来忖度你，我就很难受，很委屈。"

王利说："我岳父、岳母都八十多岁了，老两口都是好人，通情达理。他们把那么好的姑娘嫁给我，是我的福分。我的妻子贤惠能干，在家里操持家务一辈子，除了她自己单位的工作，还要帮我打理公司的财务，十分辛苦。几十年来，含辛茹苦，这是天大的功德。我王利老想着怎么报答岳父岳母，尽一点晚辈的孝心。于是我把老两口接到我家。相比较而言，我家地方大点，房间宽敞明亮，有利于他们养老。一家四代，其乐融融，你说这有多好。"岳父觉得这个女婿真不错。连家里的保姆也感动地说："没见过这么好的大哥。"

王利接着说："可是，不和谐的声音也是有的，猜测我可能有意图，说我这样做是不是惦记他们家的财产？说实话，我怎么会惦记那点财产？这也太小看我了。我心里不痛快，觉得委屈。后来我想明白了，产生这种想法是自然的，因为大家不在一个起跑线上，怎么能要求人家和自己一个思路呢？我心里的

为善至乐
——记王利

疙瘩也就解开了。不管别人怎么想，怎么说，我孝顺老人，关照家人，把事做到那份上，我没有遗憾，光明磊落，心里头亮堂了，快乐就围绕在身边。我选择遗忘生活中不愉快的东西，我选择把美好的东西永远保留在记忆中。"

生命就像一种回声，你送出什么它就送回什么，你播种什么就收获什么，你给予什么就得到什么。人与人相处，最主要的是信任。信任是一种联结人与人之间的纽带，快乐和幸福就靠这条纽带联结着。所以，王利深有感触地说："快乐不快乐，幸福不幸福，完全取决于人的心态。实际上幸福指数的高低取决于你的快乐程度。你感觉快乐，你就是幸福的。把事物看得明白透彻，以快乐的心态看待它，就不会有烦恼。对一个没有烦恼的人来说，你能说他不幸福、不快乐吗？"

王利的快乐观也体现了他的人品。人们常说，人品是一个人的最高学历，是最硬的一张底牌，是为人处世的根基。人品是做事的标准，诚信是说话的底气。自重的人让人尊重，自信的人让人踏实，善良的人让人感动。王利时常说："付出也是一种快乐！"

人生第三关——"生"关，王利顺利通过！

第四关，"死"关。

"死亡"这个词大家都觉得不吉利，一般会换成同义词来代替，这或许是汉语的一个妙处。如"仙逝""驾鹤西归""填沟壑"。

人们在面对死亡的时候，都会有不同程度的恐惧。就连圣人孔子也回避这个问题。有一次，孔子的几个弟子一直追问他这个问题。孔子躲不过去，只好说："不知生，焉知死？"终究没有给出直接回答。庄子是比较开朗豁达的，他认为："多男子则多惧，富则多事，寿则多辱。"他认为失去健康的长寿，那也是痛苦地活着，是一种自取其辱。

面对死亡一般有两种不同的看法。一种是"好死不如赖活着";另一种是坦然面对,心平气静地等待死亡的到来。

王利对死亡这个问题非常开朗豁达,他曾笑着对妻子、孩子交代:"等我生命结束的时候,我要捐献身体器官,能用的全捐走,提供给需要的人,剩下的骨骸烧了就完了。人死如灯灭,没什么想法。"王利说:"我这理念是受父亲的影响。别看他没多少文化,但对死亡看得开。他和我们说他去世的时候:不许家人哭,也不许办丧事,不许浪费钱财。趁我还能吃喝的时候,你们让我吃好喝好就行了,这就是孝顺。"王利曾大着胆子开玩笑说:"爸,您百年之后,我一滴眼泪都不掉。"他爸一听高兴地说:"好,掉也没有用!"父亲如此大度和坦然,王利颇受感动。

王利受他父亲的影响,看淡生死。有一次王利和朋友聊天,聊到死亡时他说:"我在咽气之前,会把家里的亲人叫过来对他们说,我这辈子没白活,只是对不起你们。别怪我没什么本事,没能做更多的事。其他的话,我什么也不想说。一闭眼便跟日历一样翻过去一页。不同的是既然来到这个世界,就要拼一拼,无论成功与否,拼过了,就快乐,甭管是为了自己,还是为了家人。逝去的只是年华,留下的是一种精神,让自己的行为去影响别人,去鞭策后代。人生如水,勇往直前。"

王阳明当年被奸佞迫害,在"龙场悟道",一辈子无论顺境、逆境,都是笑对人生,置生死于度外。临终前王阳明对弟子说了最后一句话:"此心光明,还有什么说的。"言罢溘然而逝。

王利说:"过好每一天,快乐每一天。也许你误了今天的落日,但你可以早起迎来下一个黎明。"

在王利的认知里,不管你是否准备好,生命终有一天会戛

为善至乐
　　——记王利

　　然而止。重要的不是你付出多少，而是你的行为能否激励你的后代以你为榜样生活着，工作着，为了自己，同时也为了家人，为了社会。

　　王利说："人就这么一辈子，你可以积极地拥抱它，也可以淡然地面对它。想不开时想想它，以求释然吧！精神颓废时想想它，以求感恩吧！因为不管怎样，你总是很幸运地拥有这一辈子，不能白来这一遭啊。"

　　人生第四关——"死"关，王利顺利通过！

第四章　岁月无情人有情

王利：孝道的本质就是顺，所谓这个"顺"，就是顺应长辈的心思，顺长辈的心意，这样长辈才会开心。

第一节　"风乍起，吹皱一池春水"

"命运"是变化无常的，它从不长久地垂青于任何一个人。每个人的时间都是有限的，你只能在有限的时间里做有限的事情；每一个人的能力也是有限的，你只能在你所熟悉的领域里展示才干。

王利经过十几年的商海沉浮，思维是敏锐的，眼光是独到的，手里也积攒了一部分资金，他想要寻找新的投资项目。正当王利踌躇满志的时候，一位朋友找到他，说正在开发一个新项目——生产避孕套。因为资金不足，朋友想和王利一起合作，共同投资这个项目。"避孕套"的市场庞大，赚钱的速度快，资金周转也快；当年投产，当年见效。王利听朋友这样对他分析，觉得有道理。俩人权衡利弊，做好预算，决定共同投资 620 万元，两个人五五开，各自投资 310 万元。

为 善 至 乐
——记王利

　　过于轻信自己，在不熟悉的领域中进行投资，决定过于轻率，就要为自己的无知付出巨大的代价。经验告诉人们，面对庞大的投资资金时要做好充分论证，这样才有可能避免意想不到的结果发生。王利贸然倾其所有，甚至不惜借贷投入这个不熟悉的行业，就付出了很大的代价。

　　王利先从品牌做起，为了取得好的宣传效果，王利邀请当时著名的相声演员做代言人。这次宣传活动打破了中国广告业的传统格局，是首次由明星代言的避孕套广告，是成功的。当时分布全国各地的销售店铺多达 1.5 万家，北京郊区就有 200多家。当然经济效益也相当可观。

　　但是王利只顾抓营销环节，忽视了对产品质量的检查。结果长沙质检部门宣布检测出该型避孕套出现漏水现象，属于不合格产品。这一致命的检测报告一经见报，其他城市的报纸也转载，造成了严重后果，直接导致几十万个库存全部下架。王利急忙找到厂家查找原因，没料到正赶上国企实行改制。收购这家企业的老板态度强硬，要求王利把有质量问题的库存产品全部照单付款。王利说："是你们企业生产的产品质量有问题，才导致卖不出去，这钱怎么能给呢？"谈判陷入僵局，这家老板把王利告上了法院。王利的公司账目被查封。

　　王利无奈，只好回到公司处理。在公司召开最后一次董事会，王利给员工结算了工资，宣布公司倒闭。

　　王利这次投资损失惨重，总结经验教训，他犯了三个错误。其一，如巴菲特所说："投资人并不需要做对很多事情，重要的是要能不犯重大的过错。"其二，王利自己总结："耐得住时间考验才最真实，能让你赚到大钱的不是你的判断，而是耐心等待的工夫，我们所做的事不超出任何人的能力范围，多做额外的工作不尽然就能得到与别人不同的结果。"其三，王利说："我这人占不了赚快钱的便宜，只能吃亏，每次一动这些赚快钱的心思，立马吃大亏。"

经过这场风波，王利明白了，以后还是得多在自己熟悉的领域下功夫。经营自己的强项，才是获得成功的法宝。自此以后，王利的投资头脑和策略渐渐成熟起来了。

第二节　虚惊一场

作家刘心武说："有一点缺陷和遗憾的人生，是有味道的人生。有一点怪异和风险的命运，是有意思的命运。"

王利在广告部时处于人生上升阶段，他又善于交朋友，事业蒸蒸日上。虽然他坚守"给公家办事要规规矩矩，不占公家一点便宜"的原则，谨慎处理经济利益，哪怕台里的一丁点儿好处也不占，以免别人说三道四。但是因为做业务，应酬多，难免有朋友私下请他吃饭，虽然能避就避，能躲就躲，但是有的时候人家就会认为你不仗义。王利知道这个道理，所以他重视人际关系，也善于维护人际关系。

当时企业间常常出现一种叫"三角债"的现象，即互相之间欠对方的钱款。电视台的广告款也常有被拖欠的，其中包括王利经手的广告。于是有人告到领导那里，要求查一查王利的账目。古语说："峣峣者易折，皎皎者易污。"王利这时也听到了一些风言风语。台里的领导虽然信任王利，但有人提出问题，就不能不调查，要给群众一个交代。于是单位组织人手查王利的账，查得极细、极严，从他负责广告第一天开始查起，一个字一个字地查，一个数字也没有放过。大到广告合同，小到抽屉

为 善 至 乐
——记王利

里三寸宽的小纸条，还向全国各地发出三百多份公函、电报，电话查证更是不计其数。

王利心中无愧。王利还是记得父亲的那句话："喝凉酒，使官钱，终究是病。"这句话是他一生的座右铭。他对领导讲："不属于我的钱，我一分不拿。如果查出我多拿台里一分钱，台里的广告费被我贪污了，你用法律制裁我，我绝不喊冤！"

单位查来查去，几年来一直都没查出什么问题。但事情一直没有了结，一时之间大家私下议论纷纷，"山雨欲来风满楼"，一度影响王利的工作，王利面临巨大的压力。

然而，祸不单行。这边单位查账的事情还没了结，另外一份兼职的工作在这个节骨眼儿上也出了问题。究竟怎么回事呢？

深圳《广告事业》杂志社的社长和王利是朋友。他知道王利在广告界活动能力很强，于是提出与王利合伙办一个深圳广告杂志社驻北京办事处，王利兼职负责北方的业务。王利选了两个人组建办事处，加上他一共三个人。王利负责总体事务，一位山东的小伙子负责具体事务，还有一位台里懂财务的工作人员负责财务。负责财务的同事名叫小丽（化名），王利对她很信任。可她后来借着王利对她的信任，做法渐渐有些偏离正道。

当时生意不错，但是小丽从不向王利汇报，碍于大家是好朋友，王利没好意思多问。山东小伙子私下对王利说："您得注意，小丽的账可能有问题。"王利一开始将信将疑，跟小伙子说："你别乱说，这事不可能。"小伙子见状，也不好再说什么。但时间长了，忍不住又向王利反映。这位小伙子不是背后说别人闲话的人，这引起了王利的警觉，他开始留意起来。

一天，王利对小丽说："把账本拿出来，我看一眼，看看公司到底挣了多少钱。"小丽一听，脸色变得有点不自然，磨磨叽叽地把账本拿出来。王利干过财务，对账本还是了解的，他看见上面涂涂改改的地方很多，问题不少，小丽一看查得这么细，脸上挂不住了。果然如小伙子说的，公司挣的钱全让她胡乱花了。王利心里愤怒无比，但又很无奈，一时之间也没想到解决的办法，他心里这股邪火撒不出去，第二天嘴上就冒起了大泡。在单位上班不顺心，办事处也不顺心，回到家又因一些琐事和妻子争执不休，内外交困，身心俱疲。于是他心里萌生出一个怪异的念头：出国躲一躲，换换心情。

人都有冲动的时候，王利也不例外。他办理了去泰国的护照和签证，兑换了一万美元，要出国。正准备行程的时候，来了一位朋友，对王利说，他准备在泰国成立一家汽车配件公司，问王利有没有兴趣。两人一拍即合，一同前往泰国。一下飞机，气温超过 40℃，两人赶紧跑到机场卫生间里换上短衣短裤。这时，这个朋友问王利带了多少钱？一向对人不设防的王利就如实告诉了他，对方说想借三千美元，不白借，当地车行里的人负责还，有汽车作抵押。王利在这个朋友的带领下到车行一看，他对朋友还是那样的信任，就借给他三千美元。之后这位朋友说是先去澳洲办业务，就走了，从此杳无音信。

过了几天，王利安顿好后，他想起这事，就去车行找人，让人家还钱。人家让他下周再来，结果几个礼拜过去，就是不给。一天天耗着，王利的钱越花越少，颇有穷途末路之感。

车行里有一位徐先生，他给王利支着儿："你这样坐吃山空不是长久之计。你是来挣钱的，不是送钱的，必须打工，挣钱交房租，才能有立足之地。"王利是个听劝的人，于是他千辛万苦找了一份工作，月薪三千泰铢，正好够房租，但饭钱还没着落。徐先生说："想要吃饭，得再找一份工作。"徐先生"热心"地又给王利介绍了一份工作，但这工作有风险，是去喂鳄鱼，必须先接受培训，才有资格上岗。王利心里直打鼓："鳄鱼虽然

为 善 至 乐
——记王利

一动不动，整天趴在地上晒太阳，但你知道它什么时候翻脸？和鳄鱼交朋友，那可是生死之交呀。再说，我干吗来了？我是淘金来了，喂鳄鱼这算怎么一回事呀？"

徐先生明白了王利的想法，说："那你请回吧，泰国不是你待的地方。"王利说："把我的钱还回来，我立刻就走！"这就是一出三角债的闹剧。最后，钱没要回来，对方失去耐性把手枪都掏出来了，顶着王利的脑门儿说："我欠别人的钱为什么要还给你？你说我应该给你钱，有什么证据？"

牛栏山放风筝的孩子，都会唱一首童谣："黑锅底，黑锅底，一个跟头栽到底。"此时此刻，回乡的路，凄凄惨惨，欲哭无泪。异国他乡的一个月，给王利带来了抹不去的创伤。

最后王利两手空空回到国内，他刚回到办公室，又接到工商局要来查账的消息。工商局开始调查王利经营的办事处，王利不敢怠慢，风尘仆仆赶往深圳。等王利回来一查账，发现他走的一个月内，账面出现了八万多元的亏空。

王利决定自己承担一切后果，他对员工说："从现在开始，别人问什么你们都不知道，把一切都推到我身上吧。"

王利需要四处凑钱，可是他对朋友始终张不开口，妻子张彦廷急得都快崩溃了，说："哎呀！都什么时候了，还顾你那面子？"最后还是妻子拿起电话，亲自给王利的几个好朋友和密云县的叔伯、二哥等亲戚求助借钱。两天之后，八万块钱和一张借款人的明细放在王利面前。妻子告诉他，其中一位朋友听说王利摊上这么大的事，手头没钱，卖了房子给他凑了一万多……王利泪如雨下。他觉得这场风波值了，让他见识了人间的真情，也检验了自己在朋友心中的分量，分辨出什么是真情什么是假意。

这八万块钱里其中有七千块是朋友老仇的。这个老仇曾经欠王利四千块，一直没还，这次他出了七千。王利后来还钱时心想：该还他七千还是三千呢？按理说还他三千也无可厚非，可是他感觉这里缺了点儿什么，那就是人情味儿。这几千块钱你来我往的可不仅是钱，也不是几十张轻飘飘的纸片儿，那可是沉甸甸的情分。尽管王利还债的路也很艰难，还是决定还他七千。多年后老仇突然要还王利四千块钱，王利哈哈大笑："你以为我当年没想扣下这钱哪？哥们那么难都没这么干，现在我不差这点钱了，不要了，留着喝酒！"

这就是王利的处事风格。

钱已凑齐，王利准备动身去深圳还钱。

那是一个星期六，王利心急如焚地赶到机场。这时妻子来电话："台里纪检委通知，必须在星期一八点前到台里报到！"王利迅速买了星期天的机票。当晚到达广州机场，王利打了一辆出租车到深圳，到杂志社已经十二点多。第二天一大早王利找到杂志社社长，当面把钱如数还了，办了手续，王利轻松了许多，上级调查这钱和账对上了，就算真正清账了。

王利马不停蹄，从深圳坐火车到广州，再到白云机场，顾不上吃饭，就去找帮忙订票的人，结果人家开口就要介绍信。那时飞机不是随便坐的，必须持有县团级以上的证明。他顿时浑身冒汗，这事疏忽了，事先没考虑到。回到大厅，王利在包里乱翻，鬼使神差地在一个破笔记本里找到两张空白介绍信，大喜过望。真是"老天爷饿不死瞎家雀"，这才赶上回京的班机。

第二天早上八点，王利如约出现在台里审计办公室。北京市西城区工商局的调查员全部到齐，气氛十分严肃。

"姓名？年龄？知道我们今天为什么找你吗？深圳《广告事业》杂志的事情你知道吗？"一连串的发问冲着王利过来了。王利定了定神，此时此刻，心里有底，并不慌张。

"谈谈吧，这是怎么回事？赚了多少钱啊？"一位处长问。王利说："我说什么你们也不信，要不你们先去查账，查完账再来审怎么样？"他们看王利如此淡定。那就先查，结果查来查去，钱账两清，这事也就不了了之了。

与此同时，单位查王利的问题也快5年了。党委书记过问此事，调查人员说："什么也没查出来。"书记说："要实事求是，总得给人家一个说法，对人家王利负责，不要冤枉了好同志。"有关部门找到王利说："经调查，1987年，你在食品研究所帮助工作期间，从该单位每月领取100元伙食补助，一共领了600元，我们认为这是违纪性质的经济问题。"他们又说，"这说明你确实存在经济问题，还不明白吗？这说明组织上对你的调查是正确的，而且也确实查出了你的问题。"

"那我该怎么办？"王利问。

"退回人民币600元，你的问题就结束了。我们可以负责任地告诉你，退回这600元，你的经济问题就不存在了。"

台里召开有关王利同志问题的座谈会，参加的人很多。党委同志当众宣布："经过长期的调查核实，我们认为，王利同志政治上是清白的。王利同志不仅政治上是清白的，经济上也是清白的。"

王利受邀做即席发言，他站起来，坚定地走到台前，铿锵有力地说："没有共产党就没有新中国，没有新中国就没有我王利的今天。我是个苦命孩子出身，没共产党就没有我今天的幸福生活……"王利越说越激动，终于控制不住，失声痛哭。

白白蒙受了5年的冤屈，终得沉冤昭雪，王利哭得像一个孩子。这泪水里面不只是委屈，还夹杂着很多不为人知的东西。没有亲身经历过的人，不会感同身受。谁都不知道这5年来他承担了什么，谁也不知道这5年来他心里隐忍了什么，更加不可能知道在如此巨大的心理压力之下，他是如何挺过来的。在经历整整5年的疾风骤雨般的洗礼后，王利有太多的感悟，他认为自己失去的不多，但得到的很多。

第三节　命运的第二次转折——告别"铁饭碗"

经历了查账、打官司等几件事，王利没有消磨意志，他对自己进行了深刻反思，也从这几件事情中吸取不少教训。两次查账之后，虽然恢复了王利的清白，但不免还是有人闲言碎语。王利决定放弃铁饭碗，独闯商海，闯出一片属于自己的天下。

1992年9月2日，阳光明媚，秋风初起，王利成功注册了自己的广告公司——"明日广告公司"。他向台里领导递交了辞呈，领导以《电视周报》正处于改版阶段人手不够为由，要求他怎么也得再干半年。王利不是过河拆桥的人，甩手走人不是他的性格，结果他又干了近一年。这期间，他的公司不得不让妻子先打理运营。但王利实在不愿脚踏两只船，这对两边都不好，他觉得要干就得踏踏实实地专心致志干一件事。本着为台里、为自己负责的精神，一年后，王利向领导提出辞职，1993年8月1日王利离开了曾经成就他的电视台和《电视周报》。

感恩之心不忘，王利内心坦然。

1993年8月1日，从这天起他告别"铁饭碗"，告别体制，以后他就要在商海里单打独斗，能不能在复杂险恶的商海中生存、发展，一切都是个未知数。这年王利42岁，人到中年，上有老下有小，压力大，如果没有破釜沉舟的气魄，这个年纪是不敢轻易放弃一份稳定的工作的。能否继续"弄潮儿潮头立"，谁也不知道。

这些年，王利的事业有过辉煌，也经历过低谷，在感受了人情冷暖后，他的思想更加成熟了。

王利走起路来抬头挺胸，充满活力，性格开朗，风趣幽默。王利能喝酒，酒品好；有时看上去大大咧咧，却不失做人原则；有时笑话连篇，却又十分自然；有时憨态可掬，却又不失童真；他为人做事，直率真诚。

第四节　加拿大归来

王利离开电视台后，曾在加拿大待过几年。

当时他周围的一些朋友纷纷出国买房，还要移民。王利本也动了心思。于是他去了加拿大，去了维多利亚。维多利亚秀美、宁静、精致，以"花园城市"驰誉国内外。维多利亚城市不大，街道整洁，各类建筑物外观都很典雅，中世纪的人物雕塑居多。这个城市公园众多，整个城市就像环绕在公园中。

对这个城市的新鲜感过了之后，王利身在异国他乡，越发感觉冷清寂寞。他想起杜甫的诗："露从今夜白，月是故乡明。"又想起柳永的词："不忍登高临远，望故乡渺邈，归思难收……"思乡泪忍不住流了下来。王利再也坐不住了，立马买机票回到祖国，飞机一落地，他内心非常激动。王利虽没有移民加拿大，但这个国家还是给他留下深刻的印象。尤其是加拿大的环保理念，无论是政府层面，还是普通市民层面，对环保都有深刻的理解，并且在日常生活中体现得淋漓尽致。王利受到启发，也想为咱们国家的环保做点事。

经过多次比较和深思熟虑后，王利毅然决然地离开加拿大，返回祖国继续创业。

第五节　寒门出孝子

世界上恐怕没有比"家和万事兴"更走心的格言了，这五个字是大多数中国人热切的期盼。家如何"和"？王利认为是这两个字：孝悌。

孝顺这个事情，说说容易，但做起来难。连孔子都说，养活父母的老年，光给吃给穿是容易的，关键的是"色难"，什么是"色难"？就是脸色好看不好看，是心甘情愿的和颜悦色，还是不耐烦的声色俱厉。所以说"久病床前无孝子"，说的就是"色难"的问题。

在"孝顺"方面，王利有自己的理解，也有自己的做法。

王利小时候听爸爸说起什么叫"孝顺"——顺者为孝。家长到了一定年纪，做子女的就要顺着他们的心意去说话，去做事，让他们高兴，这就是顺。有人喜欢跟家长辩理，这不对那不对，家长不爱听这个。你得学会顺着老人家的心思，其实有时对不对已经不重要了，重要的是让老人活得舒心，这样孝道才算做到。王利的爷爷好吃红烧肉，他就好这口，你说胆固醇高，从此不让他吃，就对他好吗？王利说："我觉得这得打一个问号。"你本意是好的，但他不高兴。王利的父亲就顺着他，想吃的时候就吃两口。

王利说："孝道的本质就是顺，所谓这个顺，就是顺应长辈

为善至乐
——记王利

的心思，顺长辈的心意，这样他们才会开心。你说给他多少钱，给他多少物质都没用。"

王利的父亲常和他说："人永远放在第一位，只要人在，所有的东西都没关系。他就是这么个心态，这么个格局。"王利从小受父亲的影响，他对父母、对大爷都是这个做法，不惹他们生气，就算有时候被误会了，挨了骂、挨了打，也不争辩。长大后王利更是顺着他们的心思，不想让他们有一点不高兴。

王利的岳母、岳父曾经因为一件事对王利有点误会，但王利不去辩解，而是顺着他们的心思，只要老人高兴和解气，王利认为自己受点委屈没事，反正王利是真心实意地赡养老人，给老人吃最爱吃的，喝他们爱喝的，陪他们聊天、品茶，让他们舒心，想住哪里就住哪里，来去自由。王利的老婆都觉得王利做得比她好。

丁俊杰教授这样评价王利："亲人们众口一词称赞王利大孝。对父亲、母亲、大爷、岳父、岳母、同乡长辈们都尽其孝道。各种尽孝的重大事件和点滴故事在家族中广为流传。经由王利的孝，我感受到了他深厚的内在，理解了他的力量源泉以及他的家庭文化与中国传统文化的有机联结。"

王利说："小时候受到良好的家庭教育会深刻地影响人的一生。一旦打开记忆的闸门，父母、大爷的恩德便淙淙流淌在我的心海。"

王利认为老人活着的时候，怎么孝顺都不为过，怎么顺着他们都在情理之中，只要老人高兴，就是真理，就是孝。

王利的父亲有自己的心思，王利猜出他怕百年后火葬，其实他是想土葬的，但老人又不明说。有一次父子俩一起喝酒，王利借着酒劲大着胆子说："爸，跟你商量点事，不知道你忌讳不忌讳？"父亲说："没事，你说。"王利说："在您这个时候我把棺材给您备下，您不会……"父亲答："我特高兴。"这就顺着父亲的心意说到点子上了。这就是孝顺，孝顺体现在小事上，要猜大人的心思，有些事他们不好说。王利父亲去世后就真的土葬了。

老舍说："人，即使活到八十岁，有母亲在，多少还可以有点孩子气。失去了慈母就像花插在瓶子里，虽然还有色有香，但缺失了根。有母亲是幸福的。"当父母都不在的时候，我们心里的那份牵挂就会变得空落落。家的概念也变味了，连孝顺的对象也没有了。

王利每次回到老家，看到老屋就忍不住掉眼泪。老屋有他的童年，有他儿时的快乐。父母、大爷的身影一幕一幕涌上他的脑海，像连续剧一样一集一集闪过去，就像撕去的日历在风中飘荡。

"我们注定要失去我们所爱的人，不然又如何知道他们对我们来说是如此的重要呢？这也是失去的意义吧！"

《钢铁是怎样炼成的》这本书说的："要抓紧时间赶快生活，因为这一场莫名其妙的疾病，或者一个意外的悲惨事件，都会使生命中断。"

这个道理王利很早就懂得。他说："我爸爱喝酒，就这么个爱好，只要有酒他就叫人到家里边喝边聊，他觉得很快乐。谁都知道老喝酒对身体不好，但是你这样说，他会生气。"为了让父亲高兴，王利两星期回家一趟，发现酒没了，就买点。王利常说："我爸没别的花销，我给他留下钱，怎么花跟我没关系。如果不许这么花，不许那么花，那我这个钱留着干什么呢？"

王利对父母、大爷孝顺，全村都知道。他对岳父母也很孝顺。有一回他的岳父得了急性胰腺炎、急性肠梗阻、急性胆囊炎，三病并发，疼得在地上打滚。特别是胰胆炎，死亡率比心

为善至乐
——记王利

脑血管发病死亡率还要高。当时他值夜班，单位就近把他的岳父送到首钢医院，上厕所都是王利帮忙清理的，他觉得这是他应该做的。想把老人转到北京二院，但刚抬上车人就昏迷了。王利说："先送到 301 医院，那里医疗条件好，一定要把人救过来。"当时王利的岳父 55 岁，现在老人家 80 多岁了，身体还棒棒的，后来王利把岳父母接到家里长住。王利作为女婿这样做，有些亲戚也说三道四，但王利说："别人爱说什么说什么，我什么都不图。有时候委屈了，一个人躲在厕所里掉眼泪。"

在"为悌"方面，他拥有厚道之心，做到了友爱兄弟姐妹。王利在父母、伯父及大哥过世后，在心里就种下了一个心结。他认为，邻里之间应该相互帮助关照，亲人之间应该休戚与共。他是这样说的，也是这样做的。

王利兄弟姐妹六个，兄弟姐妹谁家有困难，王利一定会冲上前主动关心帮助。30 多年前，王利帮助四弟家里买出租车；为了帮助没有住房的小妹，放弃了继承老宅一半产权的权利，又把整个老宅折算成现金从四弟手中买回（四弟已迁居城乡商品房），送给当时无房可住的小妹。

现在王利已经 70 多岁了，他辛苦努力奋斗这么多年，也助人为乐这么多年，他现在依然乐此不疲地考虑如何进一步为整个大家族、为兄弟姐妹以及家族的后人们做点什么。

2021 年 7 月，年过七旬的王利又专程回到老家，考虑如何为兄弟姐妹以及他们的下一代做点什么。他亲自规划，投资几百万元，拆掉老屋，为兄弟姐妹侄子六家每家盖了一栋新楼，彻底改善了他们的居住条件。王利付诸行动变成现实，不要任何回报，他只希望一家人都过得好。这是王氏家族的基因遗传，是王氏家风的百年传承。王利的行动深深感动了兄弟姐妹以及晚辈，他显著增强了王氏家族的凝聚力。

王利这种善举的精神力量是持久的，对教育后一代、传承良好家风具有举旗定向、润物无声的巨大作用。

"禅心朗照千江月，真性情涵万里天。"只要人心中有明亮的太阳，它的光明就可以照亮别人，让别人获得温暖。

第六节　心态决定心情

王利退休后，他把公司交给专业人士经营。他决定一律放权给手下。

王利说："我要好好享受，什么叫享受，我觉得随心随意就是享受，想干吗就干吗，想去哪里就去哪里，这就是享受。"人生简单就好，简单就快乐，简单就幸福。"不要考虑将来，高兴每一天，享受每一天，快乐每一天，至于将来享不享受，那是将来的事。"现在国家政策好，物质生活、精神生活极其丰富。王利说 60 岁退休到 80 岁的这 20 年是人生第二个黄金期，应该好好珍惜。

人生，就是要好好经营，才有乐趣。你如何对待现在的时间，未来的时间就会如何对待你。王利说："我经常提醒自己两件事：第一，你要知道天多高地多厚；第二，要知道自己吃几碗干饭，不明白这个，不白活了吗？什么时候是将来？明天就是将来。你快乐过，明天闭眼也不遗憾。"

王利认为："平凡的生活往往蕴藏着平凡的快乐。在什么环境下我都觉得快乐，我都能找到快乐的东西，我就很满足，我觉得人就应该这样，不管在什么样的环境下，什么样的条件下，都应该这样。"

为善至乐
——记王利

快乐是王利的精神支柱之一。

王利说:"别人都想占便宜,不占便宜睡不着觉。我不是,我是有意识地让自己吃亏,吃亏对我来说是一种快乐,我是发自内心地感到快乐,不是装的。这就是为什么每次大伙儿一块下馆子,我第一个结账,甚至都不让别人知道是我结的原因。说实话,这个快乐我还真不想让给别人,要不,我睡不着。因为大家心里都有一杆秤。我吃亏,但我在你心中得到了分量,觉得我这人真不错,大家都愿意和我打交道。"

"这种快乐的心态,受之于我父母和我的大爷。"王利对别人这样说。"我喜欢帮助人,帮助人让我心里特舒服,特快乐。我经常一个人坐在房子里,回忆这些事。我觉得助人是一种享受,是一种美德,是一种快乐。"

快乐不在于别人给了你什么,而在于自己放下什么,你的心态决定你的心情,心情好必然快乐。

《快乐老家》唱得好:"有一个地方,那是快乐老家,它近在咫尺,却远在天涯。我所有的一切都为找到它,哪怕付出忧伤代价。"

简单的快乐就如同中国画的留白。从艺术上讲,留白就是以空白为载体渲染出的意境;从应用角度讲,留白就是一种简单、安闲。艺术需要留白,日常生活更需要留白。有时候什么也不需要做,哪怕发发呆,也能找到做人的本真。每天给自己留点时间,给喜欢做的事情留点时间,让心灵得到滋养,让快乐的心态占据大脑。匆忙赶路时,偶尔驻足,欣赏一下路边怒放的花朵,也能让人快乐。

王利说:"你的周围、你的家庭、你的朋友,大家都很和睦。我觉得这种活法是最美的活法,也是最大的快乐。"

有人借了王利的钱,很长时间也不还,放别人身上,把关系搞僵的比比皆是。但王利认为："就当是投资打水漂了。"王利的妻子以前对借钱不还的人耿耿于怀，后来她在王利的感召下，也不再计较这些烦心事了，心里也亮堂了，快乐了。

简单的生活最快乐。王利说："我穿的衣服挺土，我觉得挺好。去逛菜市场，路边小饭馆一碗刀削面，八块钱，吃起来真香，用北京话说，是'倍儿香'，你说痛快不痛快！"

王利说："无私一身轻，就没烦恼，只有快乐。很多道理，不是从书上看的，都是悟出来的。"

真正的快乐来自内心。生活不缺少快乐，关键是有没有发现快乐的能力，创造快乐的志趣。庄子"鼓盆而歌"，笑对人生，不在乎别人怎么看，不以世俗标准为标准，他获得了他的快乐。

如今的社会，如果能在繁华嘈杂的环境中保持一颗平常心，获得快乐不会是一件难事。

王利也用自己的实际行动在证明财富虽然重要，但内心的平静与平常心才是快乐的本源。

第五章　播撒为善的种子

> 王利说：我自己有能力了，有钱了，就想让身边的人都跟着沾点光，这才有意义。要想跟别人不一样，就要跟别人不一样。

第一节　为善发自内心

"为善最乐"是王阳明的家训之一。为善的人，家族爱他，朋友爱他。

天下没有微不足道的善良。但一个人的善良都是通过点点滴滴的小事体现出来的。

王利的大学同学田亚非在回忆往事时，举了个例子，让人深受感动。田亚非说："无论是学校的校庆，还是班里的聚会，王利总是第一个捐款，并且数额最大。外地同学来北京看病，他总驱车看望并会包一个大红包。每次聚会他都抢着买单不让别的同学破费。"

王利总在播撒善良的种子。

田亚非又举一例："郭双喜同学老家在山西农村，大学毕业后在当地电信局工作，是当地多年的劳模，但因积劳成疾病逝。王利与班里几个同学跋山涉水，专程去郭双喜偏僻的老家慰问，郭双喜的亲属们感动得热泪盈眶。任击坤同学毕业后复员回了山东老家，前些年患肾病一直在透析，王利得知后带着几个同学驱车数百里前往山东探望，当有同学提议凑钱捐助时，又是王利一马当先，慷慨解囊。

王利常说："同学们能用上我的钱，是我的幸福！"

扪心自问，我们能做到吗？

王阳明在50岁时，把自己研究的哲理归结为四句："无善无恶是心之体，有善有恶是意之动，知善知恶是良知，为善去恶是格物。"与人为善是君子最大的德。

朋友于保宏这样评价王利："20多年过去了，初识的佩服已更多转化为羡慕和崇敬。在王利没正形的背后，我看到了真实、善良、忠厚、智慧。""王利为家人、朋友、同事着想，他心存感激地面对身边所有的人。我深深为之感动。王利不仅自己做一个好人，还希望后辈们能因为他的故事，也愿意去做一个好人。"

这就是王利，他的心里总是装着别人。大家和王利交往，会感受到善的启迪。

王利的好友池燕明从另外一个角度谈到王利善良的品质："王利虽然气宇轩昂，情感却特别细腻，他常常会因为一些事情掉眼泪，一不留神就会触动他内心的大事小情。往往这个时候，我就静静地看着他、陪着他。去年三月，我的父亲在三亚离开了我们，王哥专门跑来看我，见到我就紧紧地抱住我，不停地掉眼泪，我却咬紧牙关反过去安慰他，那时候我的内心反而好受多了。"

王利常说自己性格里既有刚强正直的一面，又有柔软的一面，所以情绪一上来就会哭。

为善至乐
——记王利

　　王利最大的善是不图回报，他认为，只要你觉得可以付出，应该付出，符合你的价值观，那么就去付出，他在付出时并没有想着回报。

　　王利的妻子张彦廷也非常敬重他这点："通过这么多年的了解，不管是朋友，还是亲戚，身边所有的人，大家对王利的评价都是很高的。他总为别人想，是非常善良、爽快的人。"

　　善良的人内心都是软弱的。王利曾说："我性格中最大的特点——爱哭。我挺爱哭，经常哗啦哗啦就哭了。"但他见不得别人哭，别人一哭，他就心软了。王利说："有一部电视剧《铁梨花》，里面的主人公赵元庚给我一种感觉：一孝顺，二仗义，三不计前嫌。我觉得这个人有点像我。其实做人就应该这样，干吗把那么多人都当作仇人。"

　　有一次记者采访王利，问到一个热门话题："如何看待借钱这种事？"王利说："当一个人成功时，有很多人会主动过来和你交往，希望能在聊天过程中汲取一些有意义的东西，这其实是一种尊敬。但也有人会动歪心思，张嘴就借钱，我又不好意思拒绝，就借了。可是这些人借一次，借两次，从来不还。时间久了我心里也不舒服。我就想，一定是我有问题。什么问题呢？那就是如果有人跟你开口的时候，你首先要对他进行审视，这个人值不值得你帮助？如果我觉得你是个好人，真的遇到困难了，开口借钱，我会衡量一下，但是钱借出去的一瞬间，我会树立一种思维：这个钱我不要了。他如果把钱还你了，你坦然接受，如果不还你，你也能承受，因为都在你的心理预期之内，这样做也就没有烦恼了。这样对自己好，对别人也好，也成全别人的名声。"

　　王利帮助的人太多了。朋友们都说："王利是一个非常了不起的人。"王利说："我有时想，我恐怕是丁香，人见人爱，什么原因？诀窍在哪？其实就是吃亏。所有的人都知道吃亏是福，但真要吃亏就急眼了。"

寻常人也许吃一两次亏还可以，而王利是一直是这样坚持的。王利和别人做生意，做的事多，贡献也大，按理在分红的时候，应该多一点，至少对半分成，对方肯定没有意见。但王利不是这样，他选择四六分。他只拿四成，六成让对方拿。这不仅让对方惊奇，而且深深地触动了他们的内心。他们对王利交口称赞："见过有钱的，也见过仗义的，但没见过你这么仗义的。"

王利不仅热心帮助人，而且知恩图报。只要你对他好，只要你曾帮助过他，他都会一倍甚至几倍回报你，真正做到滴水之恩涌泉相报。有一次，王利的岳父母刚到北京，没房子住，那个时候还没有商品房。别说没卖房子的，连租房的也没有。一个朋友热心帮忙，借了一间房子，王利的岳父岳母住了两年半左右。后来王利听说这个人的母亲病得很厉害，王利也尽全力帮助。

王利常说："办事的时候，不要把利益看得太重，首先考虑别人。把自己的利益看得很轻、很淡，把别人的利益看得很重，这样处理起问题来就比较顺利。有了人情，有了善缘，你的机会也会多。事物都是辩证的。"王利常对人们提起他父亲，别人到他家借一升米，他家只要有一斗，父亲就能借一半。王利从小就看他父亲这样帮助别人，王利自己用一生来践行。

无论做生意，做广告，还是交朋友、做人，人都是最根本的。和王利打过交道的生意人都愿意继续和他合作，也都从王利身上感受到了善缘。王利做生意口碑好，口口相传，知道的人越来越多。在口口相传中，王利的生意越做越大，他从来没拉过一个广告，都是广告主动找上门来。在口口相传中，王利还顺便找了个亲家和儿媳妇。这些都是后话了，现实社会比较难遇到这样的情况，某种程度上说王利的人生也是奇遇的。

第二节 以善念相信人

当年王利还在电视台负责《中国电视报》广告业务的时候，遇到一位来自河北承德的哥们儿，姓邢，经常找他登电视维修的招生广告，这人每次来了都拉着王利滔滔不绝地聊天，有时一坐就是大半天。本性善良、好交朋友的王利心想，人家这不是给咱报社送钱来嘛，来的都是客户，热情接待他，这样一来二去两个人就成了朋友。

一天这哥们儿又找到王利海聊，聊到自家身世时，说："我舅舅是日本松下公司的大老板，之前一直想让我到日本去发展。但咱那点能耐，就是秤杆上的秤砣，几斤几两重咱还不知道啊，日语认得我，可我不认得它呀！"

边说边往后脑勺捋了捋头发，抹了下有点干燥的嘴唇，咽了口唾沫："后来我就说，洋饭咱就不吃了，咱这点文化吃不了，我就这么老老实实在这待着。您那里不是生产彩电吗，到了国内都是洋玩意儿，名牌儿货，会修的可不多，我干脆就办个修彩电的学校，不也挺好吗？"

"哦，原来如此！"王利心想，"这哥们儿脑子挺活泛呀，认得清自己，有自知之明，也能想出不错的主意，难怪老来打招生广告。"正准备问学生招得怎么样，只见这哥们儿脑袋一转，凑近身子故作神秘地说："现在办学用的电视配件，都从日本运过来了。最近又有个大活，要从日本运过来一千台电视机！王哥，我看您是个好人，上次这广告打的，可是帮了我大忙。要不，这些大彩电就交给您来处理吧！"

"好家伙！"王利心里一激灵，"天下还有这等好事？必有玄机，定有猫腻！"于是忙忙摆手道："那哪成，那松下的彩电，我连一台都买不起！"

"瞧您说的，又不是让您现在拿钱！您看这么多电视机运过来，总得找个地方存着不是？我一外地人，找不到门路，您人熟地熟，一来帮我找个安全的库房；二来呢，这些彩电请您来帮忙卖，卖一台再给一台的钱！"

"嗨！原来是这么回事呀！合着你也不能把这么多电视机给我呀！"王利嘴上打趣地说，心里却在为差点儿看走眼、误会了人家而愧疚，寻思着刚才不应该这么想人家，把人想得太坏了，现在这个忙怎么都得帮了。"这么着吧！我试着联系一下，看在顺义能不能找个地方，那里离机场也近。"

"那成，租金我可一分不少！"这哥们儿也挺豪爽。

这哥们儿越豪爽，王利心里就越不是个滋味儿，赶忙联系自家弟弟，让他把顺义二哥的房子腾出来当库房，说过几天有人联系他，拉一千台电视机存在那里。王利的话弟弟当然照办，三下五除二，就搞定了库房。可这哥们儿一连几天不见踪影，一个月过去了，没消息，三个月过去了，电视也没拉来。后来这哥们儿保证说，最近日本公司那边遇到点什么事，但年底一定运过来。后来年都过完了，依然没看到电视机的影子，二哥的房子还在那里这么空着呢！

王利心里也没太把这事儿当事儿，问了几次没来就算了，后来也不问了。但邢姓哥们儿每次来，王利都一样接待。一天，这哥们儿又找到王利，神秘地说："王哥，电视机一直没来，这样，我先给您弄点金首饰来。"

为善至乐
——记王利

那个时候黄金属于管制物品，市面上可是难以买到的，"你上哪弄去？"王利心里默想，没当回事，也没期待这家伙能怎么样。后来，这哥们儿再次见到王利说，自己有个朋友，家里的亲戚曾经在承德避暑山庄里伺候过皇上、太后什么的，有点金子。他都带着了，就在回北京的火车上，因为承德博物馆失窃，全城戒严，所有乘客的行李挨个检查，被搜了出来给没收了。王利"呵呵"了两声，就当这家伙讲故事听好了。

如果说前面这些事还可以听个乐呵，可后来一件事，差点儿把王利给害了。

有一次这家伙又找到王利，说是要去四川出差，想借王利的记者证买票。那阵子长途火车票不好买，需要中途倒好几趟，王利知道这家伙平时不靠谱，但是遇到正经事需要帮助的时候，王利还是会帮他。估计这厮就是因为这个，才总是有事没事缠着王利。但这次，王利有点不放心，还专门叮嘱他："借给你买票可以，但你千万别干其他乱七八糟的事，别惹是生非！"

这厮忙不迭地点头答应，举手保证，王利边说着边把记者证给了他。

"您可又帮了我大忙了，回头我就把证给您送过来！"这哥们儿顿时笑靥如花，嘴上还一直道谢。但王利并没注意到这厮眼睛里一闪而过的狡黠之光。

几天过去了，没有音信，王利也没在意。一天，王利前脚刚进办公室，就被保卫处打电话喊了去。到了保卫处，他被保卫处副处长劈头盖脸地问："你最近去过河北吗？"王利看旁边还站着警察同志。

"去过啊！"明人不说暗话，王利爽快答道，心想，我又没犯法。

"你到河北干吗去了？"

　　这下王利可犯难了，半晌儿没说话。原来新闻圈子里有个大家心照不宣的规矩，就是那时外地一些企事业单位召开新闻发布会，一般会邀请台里的记者捧捧场、露露脸，会有"车马费"，圈子里叫"跑会"。因为这属于私活，所以不能拿在明面上讲。王利平日里关心单位上几个家庭困难的弟兄，有这样的活儿都会专程叫上他们，让他们挣点外快。前几天王利就是带着他们几个弟兄到河北"跑会"去了，但这事儿不能说呀，说了岂不是把这帮兄弟给卖了吗？

　　见王利不说话，那人急了，"王利呀，你身为国家干部，在河北干出这种事儿，丢不丢人？"王利云里雾里，心想"跑会"这是什么丢人的事？台里多少人干过？正要接话，只见保卫处副处长手心手背拍了两下，欲言又止，挠了挠头，在原地转了一圈皱着眉说道："我刚才还信誓旦旦给警察同志讲，王利肯定不会干这种事，肯定是他们搞错了，但没想到你怎么就能干出这种事呢？"

　　王利一听，心知肚明肯定不是说"跑会"那事儿，但怎么又拐到电视机零件上了呢？"你说我干啥丢人的事了？"王利疑惑地问。

　　"我问你，你的记者证呢？"

　　"记者证？"王利还疑惑着呢，"我借给别人啦，一个客户，他买火车票。"

　　"借给谁了？他是哪里的人，买车票到哪里去？"

　　"河北承德人，着急买票，才借给他用了。"

　　至此真相大白，保卫处的副处长大舒一口气，这才把来龙去脉——道来。原来那小子并没去四川，而是跑回承德了。回去没干正事儿，在一宾馆里，把房间电视机后盖里的零件给拆了个干净，只剩了个空壳在那里。电视机客人怎么也打不开，

为 善 至 乐
——记王利

宾馆管理人员一看吓了一大跳,那个时候电视机可是奢侈品,价格贵,会拆电视机的人也不多。这损失可大了,宾馆经理赶紧报案,警察顺着住宿登记一看,轻轻松松就找到了拿记者证登记住宿的"小偷"——王利!

那小子很快被抓进了监狱。但王利这心里可是五味杂陈,之前那小子的确是拿了一块电视机的集成电路板给王利,说是电视机培训学校要用的道具,让他先保管着,过几天拿回去。王利还老老实实放在保险箱里锁了几天,那厮才拿回去没多久,警察就找上门了。王利心里又羞又愧:"亏我还这么真心实意地待他!"

如果说这件事足以让人毁三观,那更叫人大跌眼镜的事还在后头呢!

那小子在监狱里还给王利打过一次电话,想让王利拿6万块钱保他出来,王利自然没有理他。后来那小子从监狱出来后,哪里都没去,直接找王利。真是林子大了什么鸟儿都有,王利见到他差点儿惊掉了下巴,心想:"这人脸皮得有多厚才会做出这种事!"

缓过劲,王利倒也想看看这小子还能使出什么花招,便悠悠地揶揄他:"呦,这不是松下大老板的外甥,电视维修学校的校长吗?"

那人再也没有之前骗人时的神气,一脸哭腔地诉说:"哥啊,我知道您是好人,肯定能帮我。我现在没一口饭吃,请您给我指条明路啊!"

看着这次一脸真诚的小子,王利心里不但恨不起来,反倒有点同情他。接近中午了,王利带他出去吃了顿饭,席间推心置腹地说:"我看你这人有点本事,还会修电视,可惜没走正路。我在你老家承德有个做生意的朋友,他公司正好缺技术工人,我给他打个电话，如果他敢用你，你就踏踏实实好好给人家干，别再走歪门邪道，给人惹是生非。如果人家不用你，这事就罢了，我对你也是仁至义尽了！"说完还给了他一千块钱。那小子也只是抱着试一试的想法来的，没想到王利这么干脆这么直接，竟然这么真心实意地帮忙，感动得一把鼻涕一把泪，就差跪地磕头了。

王利不是随口说说，他真给朋友打了电话，一五一十地说了情况："这人还算有点本事，能修电视机，但之前走了歪路，满嘴跑火车，刚从监狱出来。我看他可怜，便介绍给你寻个活计，和我没一点关系，但我又怕他坑了你，所以要把真实情况给你说清楚，千万别看在我面子上本来不想用又不得不用他。假如以后他又骗了你，这锅我可不背啊！"

后来朋友果然打电话过来说，面试时特地问他有无前科案底，那厮面不改色，依然神情自若地东拉西扯，口若悬河……这人当然不可能用了。后来那人再没找过王利，大概无颜面对王利吧。

王利本性善良、纯粹、忠厚，面对曾经害他差点受处分的骗子，也能够做到宽宏大量，不计前嫌，真心实意帮助人，这是王利的心胸。这既是祖上王阳明的思想传承，也是来自父亲和大爷"吃亏是福"的家庭熏陶，同时还是王利一生践行简单纯粹、知行合一的结果，这些积极的正能量会一直伴随王利。

第三节　别人有难就帮

我们每个人都希望自己是个有福报的人，也许有的人认为

为善至乐
——记王利

福报就是这个人有福气，其实不然，福报其实是福德报应，"种善因，结善果"。有一颗善心，心存仁慈善念，坚持为善去恶，福报自然会找上门来。格物就是在修福。

现实中，好多人在利益面前六亲不认，和朋友斤斤计较，生怕自己利益受损，不愿吃一点亏。其实吃亏才是福气，真心付出必有福报。王利的父亲和大爷用言传身教影响王利：为人处世，安身立命，要事事想着吃亏，付出越多，得到也会越多。这个得到指的是得到福报。

如果说王利现在的状态是一种福报，那也是王利一直以来不断助人向善修来的"善果"。善也是王利最鲜明、最突出的性格特征。

说到这里，就不得不说一个故事。

王利的岳母有个好姐妹，当时已经是一位 87 岁高龄的老太太，老太太曾经在中国人民解放军第四野战军服役，参加过海南战役，立下赫赫战功。老人家没有结过婚，膝下无儿无女，秉持着部队养成的优良习惯，一辈子过着艰苦朴素的生活。就是这样一位善良朴素的老人家，一时疏忽大意，被骗子以理财名义骗走了 40 万元，3 个月之后老板连本带息卷款跑路，所有积蓄全部打了水漂。如此高龄老人哪里禁得起这个打击？血压噌地就上去了，心脏根本承受不了，住了好些天医院才得以好转。关键这么大个事还无处诉说，岳母见不得好姐妹这么难过，告诉老太太王利的交际面广，人也有能耐，兴许能想到办法帮忙把钱追回来。

正直的王利得知后气不过，他觉得骗子连老革命的钱也敢骗，真是无良无德、无情无义，定要把这骗子捉拿归案！王利很快就把老人家接过来，当王利看到老人家憔悴的面容和羸弱的身体后，气愤之余又多了一些对老人家的心疼和不舍，心想：

"老人家一辈子太不容易了，为了革命连命都可以不要，海南岛都是他们打下来的，最后却被一小蟊贼骗走了全部的积蓄，老人家焦急得都快没人形了！当年没有被敌人打死，难道现在要被骗子气死吗？太不值当了，也太可惜了，骗子太可恨了！这个忙我必须得帮！"于是王利问老人家有没有带银行卡，或者给个卡号，要到钱了就直接转到老人银行卡里。可老人家当天没有带来。

王利一看，自己后天就要去美国，要过一段时间才能回来，现在追这个钱肯定来不及了，骗子跑哪去了都不知道。可等自己回来了再想办法慢慢追，万一这期间老人家出了意外怎么办？王利苦思冥想，认为现在只有让老人家心里先缓过劲来才是最重要的。

第二天，王利再次带着老人家去了银行，直接从自己卡上转了40万元到老人家卡里去。老人家看明白后，忙说："王利呀，这可是你的钱，这事和你八竿子打不着，怎么也不能让你出这个钱！找你是让你想办法的，我怎么能要你的钱！我一辈子都没拿过别人一针一线，现在怎么能拿你的钱？你让我的心往哪儿搁？"

王利拉着老人家的手，小心翼翼扶着老人坐下后，慢慢地说："秦姨，您先别着急，慢慢听我说。您为咱中国的解放事业奉献了一辈子，没儿没女，您和我岳父、岳母都是多年的老朋友了，您就把我当儿子看待好了，儿子孝敬您这是应该的！"

老人家死活都不肯要，她怎么可能平白无故地接受王利这40万？

"秦姨，您听我说，我是这样想的，我明天就要去美国了，要过一段时间才能回来。我把您的钱先给您，图个心里踏实！我从美国回来后再找人慢慢追这个钱。您就当这是追回来的钱，

为善至乐
——记王利

提前先还给您了，我接下来再追我的那40万，追回来就放我这儿了。您放心，这个钱我肯定能追回来！"

老人家听王利这么一说，心里稍微平静一些，又问："万一你没追回来怎么办呢？那你不就亏了吗？"

王利看到老人家情绪缓和一些了，赶忙拍着胸脯说："嘿！您甭担心这个，我在公安局认识朋友，专门管这事儿的，肯定追得回来！我待会儿就给他说，让他先追着，说不定还没等我从美国回来，这钱就追回来了。您啊，就踏踏实实地照顾好自己的身体，也看好这钱，千万别再听信骗子的话，千万别再买这个保险那个保险，全是骗人的把戏！"

老人家颤巍巍地伸过手去摸着王利的头，泪水止不住地流下来："王利啊，你可真是个好人啊，如果人人都像你这样该多好啊！"

看到老人家接受了，王利这下彻底放心了，开心地说："秦姨，我相信好人会越来越多的。我先送您回去，等我从美国回来后再去看您！"

把老人家送回家后，王利心里还挺沉重，虽然干了一件大好事，心里也觉得挺舒服，但总感觉哪里不对，特别是看到一个为国家作出贡献的老人家，打了一辈子仗，流血牺牲都不怕，到了晚年却还为此流下泪水，心里特别不是滋味。王利高兴不起来，总觉得这事儿没有干漂亮，甚至多年以后还为此自责。有人就觉得奇怪，问："你都自掏腰包为老人补上了窟窿，免除了老人家的后顾之忧，换来了心里的踏实。这40万可不是个小数目，这天底下没几个人能做到了，这是多伟大的事，你还自责什么呀！"

王利摇摇头，皱着眉头说："这个事儿处理的方式方法有点问题，过于简单粗暴了，老人家不能很好地接受，觉得这是欠了我的情，心里面肯定会有压力。至今我回想起老人家流泪的样子，心里都特难受。我应该把钱分成个三四次，慢慢地转给她，让她知道这是一笔一笔追回来的，这样老人家心里就能愉快接受了，也不会有什么思想上的包袱。"

这就是王利，自己不计个人得失做了好事，甚至还"苛求"自己做好事的方式不够完美，没有很好地照顾到被帮助者的感受，让对方因自己的"帮助"而感受到了压力，没有达到"润物细无声"的助人于无形。

同样是施善，也分境界和层次。有些施善者是因为自己有能力做好事，同时希望做好事能够为自己积累福报，而去行善。更高层次的施善者，是不求福报而行善。善意的最高境界，是发自内心地对对方表示尊重。

这种传递仁慈善念、不求回报的故事，在王利身上还有很多。

当年王利被单位选派读工农兵大学时，有一次放完假王利从家里回学校的火车上，偶遇了牛栏山信用社的主任，他们之前就认识，于是王利就和他坐到了一起，热情地问："您这是到哪里去？"

主任回答："到阜外医院。"

"您身体哪里不舒服？"王利关切地问。

"不是我，是我儿子。前些日子查出有先天性的心脏病，想去阜外医院做手术，我正着急这事呢！"

按理说，王利那会儿还小，这事跟他没关系。但王利天生就是个热心肠，见不得别人有需要、有困难。看见主任急，他心里也急，他说："这事我想想办法，我帮您联系！"

话说得倒是轻巧，上大医院动手术可不是个小事，也不是简单的事，王利真能办成吗？王利心里也没个底，他就认识这家医院里面一个叫张宝路的人，还真不知道行不行。那时手边

为善至乐
——记王利

还没电话，他只是觉得："今天的火车怎么这么慢，只想着赶紧冲到医院找人。"

紧赶慢赶到了医院，王利火急火燎地找到张宝路。张宝路得知王利来意后，看到王利着急的神情，他说："行，你放宽心，我给你联系住院的事。"

手术花了近7个半小时，非常成功。

在这次回校之前，因为王利没有换洗的衣服，他的父亲专门卖了一头猪，给了王利十块钱，让他买一身新褂子。看到手术顺利做完了，王利跑到外面买了不少水果，还有一斤白糖、一双拖鞋，把十块钱花得一分不剩，新褂子自然也没买成。

事后有次王利回家，主任见到王利，拉着他就是不撒手，定要请他喝酒。王利说："您在外面请我吃饭还要花不少钱，我可不想您为这事破费，下回吧，我到您家里去吃。"主任见王利这么坚定，只好作罢，说："下次一定要来家里吃顿饭！"

王利知道，如果他不上主任家里吃顿饭，他们一家人心里肯定会一直记挂着。为了不给人添麻烦，不久之后，王利提着礼物去了主任家。主任一家开了一瓶珍藏多年的好酒，做了一桌好菜，准备好好款待一下王利。可王利并没有喝酒，主任家里蒸了韭菜鸡蛋虾皮馅儿的包子，王利一口气吃了五六个，他心想："这几个包子就相当于我们之间扯平了。"

唐代著名政治家、文学家、一代名臣陆贽有言："动人以言者，其感不深；动人以行者，其应必速。盖以言因事而易发，行违欲而难成，易发故有所未孚，难成故无思不服。"意思是说，用言语去打动人的，其感染力并不深；用行动去打动人的，他人的反应必然迅速。这是因为说话是一件很容易的事，而真正做到很难。身教比言传更重要。

厚德载物，不求回报，水利万物而不争，这是王利的性格写照。

第四节　有了钱该怎么花

"滴水之恩，当涌泉相报"这句话在王利这里又有新的诠释。他说："谁对我好，哪怕是一丁点儿帮助，对我来说都是泉水之恩。你曾经对我好过，我就认为你是我的恩人。所以我给人家的回报，一定是大大的，但是再大我都认为是滴水，都是微不足道的。"

这就是王利的思维。

儿时的王利，和其他小孩一样，顽皮、淘气，没少给乡亲们添麻烦。在那个似乎永远也吃不饱的年代，东家摸个瓜、西家揣个枣、那家再弄个梨，是毛头小孩常干的事。王利小时候淘气得出名了，人家给他起了外号，叫"花鸡屎"，按照王利的话说："乡亲们看到都牙根痒痒。"

长大后，王利羽翼渐丰，他常常想起自己小时候干的这些"损事"，他觉得给乡亲们添了不少麻烦。王利常说："我能长这么大，长得这么肥肥胖胖，都是托了牛栏山的风水之福。当年如果我没偷人家那根瓜、没吃人家那把枣，我还真不一定能有今天，我必须得感谢那些当年被我'祸害'过，却又没有记恨我的父老乡亲。"

40 年前，距离北京城区几十公里外的村子比起王利工作的北京城里还是差了一大截。王利从当村支书的发小那里得知，村里没有经费，村民们洗澡成了老大难。王利心想，这可关系到乡亲们的卫生习惯和身体健康，于是他有了一个想法，出钱盖一个澡堂，感谢乡村那些大爷大妈、叔叔阿姨、大哥大姐对自己的帮助和教育。在 3 万块钱就可以买一套北京房子的 20 世

为善至乐
——记王利

纪 90 年代初，王利直接拿了 8 万块钱帮助北军营村建了第一处公共澡堂。

"乡亲们现在可以洗淋浴，也可以泡澡，洗得干干净净、高高兴兴，多好啊！"政府准备宣传报道，被王利拒绝。虽然这处澡堂现在已完成使命光荣退出历史舞台，但当地乡亲们的心可是持续温暖了几十年。

这就是王利，自己做了不少好事，不求回报，也怕回报。可如果谁帮了他，或者曾经接受过谁的恩惠，王利可一点不含糊，不仅要去"回报"，而且要十倍、百倍地回报。

王利坚信"吃亏是福""无私一身轻"。

后来，王利从电视台出来后自己独立经营广告公司，业务很快做得很好。王利富起来之后，为社会作贡献的想法就更多了。

当时北京市刚成立了一个低碳组织，倡导生态环保发展理念。这个低碳组织打算开展一个启动仪式，但缺乏赞助。王利得知后，挺身而出，立即把自己环保公司注册的 100 万元资金捐出来。活动举办得非常成功，场面十分热烈。在交流座谈会上，王利激动地说："中国一年水土流失 45 万亩（2011 年统计数据，约数），13 亿人（当时全国总人口约数）就靠这点土地吃饭，一年就流失 45 万亩，那土地流失光了吃什么？我们都把祖国当作母亲，母亲养育了 13 亿儿女，要知道能让 13 亿人吃饱饭，这放在世界上是一件多么伟大的事情！父母把我们养大都要报恩，祖国母亲值不值得尊重？值不值得热爱？应不应该孝敬和回报？祖国母亲养了我几十年，我得回报！我要为祖国母亲守住一寸土地，能守多少，算多少。100 万可以为北京减少5000 多吨碳的排放量，我觉得有意义。我能让北京的市民少吸入一粒污染物，多呼吸一口新鲜空气，我就觉得满足了。"

话不多，情却长。王利质朴又满怀深情的发言，令在场的人刮目相看，引来雷鸣般的掌声。启动仪式圆满落幕。王利激动得热泪盈眶。

从回报自己的小村庄，到回报整个社会，多少年过去了，王利的思想在变，眼界在变，但做人的本性从未改变。如同《少年》中所唱的："我还是从前那个少年，没有一丝丝改变。时间不过是考验，种在心中的信念丝毫未减。"

这个信念，是至简的大道，是无声的福音，再一次与王阳明的理念交相辉映，再一次与父亲和大爷"吃亏是福""别给人添麻烦""无私一身轻"的谆谆教诲交替回响。

这，就是王利在当代参透的"本"、悟出的"道"。

第五节　至情至义的汉子

但行好事，莫问前程，是王利的天性。王利说："我自己有能力了，有钱了，就想让身边的人都跟着沾点光，这才有意义。"

王利的大哥，性格和父亲一样，痛快、豪爽，小时候吃过不少苦，长大了当了多年的村支书，多年操劳，十分辛苦。大哥晚年得了肺癌，没有退休金，没有医保，由于担心他有压力不配合治疗，全家人都瞒着他。

但时间长了，大哥总能感觉到点什么。有一次兄弟俩出去吃饭，王利说："喝一口？"

"行，那就喝一口。"大哥并不在乎，说："我要是真有那种恶性疾病，我就不治了，爱咋咋的。"

虽说大哥不知道自己住院吃药每天具体花了多少，但他知道这都是三弟王利在扛着，心里过意不去。在治疗效果开始明

为善至乐

——记王利

显好转后，大哥就说什么都不配合，不继续接受治疗了。最后大夫只得请王利来给大哥做工作："其实你大哥治疗效果不错，但他情绪不稳定，拒绝配合医生，希望你给他做做思想工作，我看只有你跟他聊聊，或许他才会听。"

王利听了心里难受，知道大哥是怕花他的钱。大哥的性格和父亲一样，生怕给人添麻烦，但都到性命攸关的当口了，哪里还能管得了这么多？王利对医生说："行，我找他聊聊。"

挂了电话，王利心里也犯嘀咕：大家现在都瞒着大哥呢，我怎么跟他说好？见了面聊什么？怎么聊？如果实话实说，以大哥的性格，那绝对立马回家。那自然是不能说实情了。可既然是做思想工作，就只能减轻他的思想负担，不提生病这回事肯定是不可能的。那生病这件事，究竟如何来提呢？

深谙大哥脾气的王利，很快想出个主意。

他把大哥请到澡堂里泡澡，放松身心，看着大哥表情放松了，王利就问大哥："你知道你得了什么病吗？"

"什么病？不就是肺炎？大不了不就是个癌症嘛！"大哥撩起一捧水洗了把脑门儿和脸上的汗，透过池子里腾腾袅袅的雾气，看着王利的眼睛，说出了自己心中一直以来的猜忌。

"你这病可比癌症还厉害，厉害很多倍，你知道吗？"

大哥瞪大了眼睛看着王利。

"我们所有人都知道，就你不知道，都在瞒着你呢，怕你有压力。我为什么现在敢跟你说了？那是因为已经把你从死亡线上拉回来了，我才敢说。要不然现在我也不敢说！"

大哥大吃一惊，调整下身子，胳膊搭在澡池边上，忙问："你快说，什么病？有什么病比癌症还厉害？"

癌症谁不知道？得了就得死。要给大哥减负，又不得不提生病的事，以大哥的性格唯有剑走偏锋、另辟蹊径，说得比癌症更严重，才能在心理上产生冲击，进而达到减负的目的。

王利说："那就是你的心病呀！现在我们好不容易把你从死亡线上拉回来了，但你不配合医院和医生的治疗，你说说你在干吗？如果你真不想活了，不肯治了，那谁也拦不住你！"

大哥一下子听明白了，眼泪哗哗地就流了下来："老三，你只是我兄弟，我还有儿子呢，我这心里面怎么过得去！"

"大哥，我们把你从死亡线上拉回来容易吗？你现在说不治了，你自己琢磨琢磨这个事！"

"跟你说心里话，你是我兄弟，我的儿子都没对我这么好，你说你干吗救我？"

"大哥你啥都不用说了，我现在还有这条件呢，兄弟我怎么能看着你这么病下去？你现在什么都不用管，只管配合医生就行了。只要有我在，我就要让咱这一家人都好好的！"

大哥听后痛哭起来，王利赶紧走上前去，兄弟二人紧紧抱在一起……

自此以后，大哥心情就好多了，也积极配合医生接受治疗。王利隔三岔五也去看他。有一次王利到加拿大出差一个月，出差期间他也常跟家里打电话关心大哥的情况，问大哥现在怎么样？精神状态好不好？有一次电话是老四接的，说大哥挺好的，就聊其他的了，聊着聊着就问王利："你什么时候回来？"

"不知道，现在还没定呢。"

"哦，那就等你回来再说吧。"

王利一听不对劲："老四，你跟我说实话，究竟咋回事？是大哥不好了吗？"

过了半晌，老四才说："大哥已经走了……"

"什么？什么时候？为什么没人跟我说？"电话那头，王利咆哮。

为善至乐
——记王利

"都没敢告诉你，就是你到加拿大的那天，在机场的时候大哥就不在了，告诉你，你肯定就不走了。"

王利流了一宿的眼泪，怎么也控制不住。

从加拿大回来后，王利第一时间召开家庭会议。会上，他感叹道："大哥的病，所有该治的都治了，我们都已经尽了全力，人始终抵不过天命。大嫂，您还有儿子，还有我们这几个兄弟。您自从进了王家的门没少受苦受累，特别是您为王家生儿育女、辛辛苦苦照顾大哥，这是最大的恩，我们都知道。您就放心吧，踏踏实实的，接下来还有我们这几个兄弟陪着您一起走。"

全家人都感动地流下眼泪，特别是大嫂，她的泪水怎么也止不住。王利也是一边流着眼泪一边哽咽地说完的。

每年春节，王利和妻子张彦廷都会给全家男女老少、上上下下五十口人准备礼物，一个不落。吃年夜饭的时候，王利总是说："大家都是一家人，有什么困难和想法，就说出来，我能办的尽量去办。"

王利对家人如此，对外人也一样。

王利在电视台的老同事，也是他多年的老朋友，在海南省万宁市礼纪镇的南燕湾有套房子。万宁市东滨南海，山清水秀、景色宜人，既有奇山、异洞、怪石、海滩，又有岛屿、温泉、热带珍稀动植物和滨海风光等，是著名的旅游度假胜地。特别是南燕湾，水清浪静、滩洁沙软，气候温和、空气湿润、景观宜人，全年最低温度都是18℃左右，非常适合养老。在这位老朋友的介绍下，王利也在这里买了房子，王利本来就喜欢热闹，他想没事可以找几位老朋友聊聊，平时生活里大家还能彼此照料。

住下来一段时间后，王利在不经意间得知，这位老哥们的夫人拿了那套房的回扣，总共5万块。王利觉得这根本不是个事，谁拿这回扣他不关心，她不拿，可能也是售楼处的人拿了，谁拿不是拿？给谁不是给？给自己身边的熟人岂不更好？所以便也没有再提及此事。

又过了一段时间，王利觉得住在这边的老哥们还是不够，所以他还准备再拉一些朋友过来，大家住在一起热闹热闹多好。王利为此忙里忙外，跑前跑后，拉着朋友满小区看房，来来回回跑了很多趟，最终这位朋友看上一处满意的，交了钱就直接住下来，王利心里别提有多高兴了。

本以为这事就这么过去了，谁承想王利又无意间得知朋友的那套房子也有回扣，而且又打到了老同事妻子的账户上。王利这可坐不住了，心想："这叫什么事儿？让朋友知道了还以为我王利劝他来买房就是为了吃回扣！这是人品问题，我王利可不干这种败人品的事，不行，我得要回来。"

王利找到这位同事，把事情一说，老同事很惊讶，他妻子听到后也很惊讶，因为那个时候还没有账户金额变动的手机短信提醒，如果不是主动到银行查询，一般不知道账户变化。难道说销售顾问以为又是他们介绍熟人来买房子，就直接打到她账上了？老同事赶紧说："王哥，您放心，肯定不能因为这点小钱就把您的名声毁了，这样我们对不住您！我们马上把这钱打回去。"

王利见老同事这么说也不好意思了，赶紧说："一码归一码，这钱你们肯定是要还回去的，要不然人家心里怎么想？把我们看扁了不是？但是我也不会让你们吃亏，回头我再提 5 万块给你们。"

"那怎么行呢？我们怎么可能要您的钱？千万别，这本来就不该给我们。"老同事和他妻子连忙劝说。

又过了几天，王利心想还是不能让人家吃亏，自己这么直截了当地上门找人家理论，让人家心里不好受，以后还要经常在一起呢，大家还是朋友。于是王利果真从银行提了5万块，准备给他们送过去。结果这时得知，老同事的妻子刚刚查出了癌症。

王利得知，又跑了一趟银行，又提了5万块钱出来。

到了医院，王利把探望病人的水果、点心等递上，又拿出钱，对他们说："这是10万块钱，其中有5万是我之前答应给你们的，不能让你们吃亏。好哥们家里遭了这么大的事，另外这5万是我的一点儿心意。"

同事吓得赶紧站起来，同事妻子也赶忙说："不行！这钱我们不能收，更不能让您往里面搭钱，东西我们留下了，钱您赶紧拿回去！"

"甭跟我见外了，这是我的心意，我可不能眼见着哥们家里遭难却不搭救，是哥们就把钱收下！"王利使劲把钱兜子往老同事手里塞。

"这可不行，真不行！"夫妻二人也同时往王利怀里推。

见他们坚持不收，王利急了，说："你们不收下我就顺着窗户扔下去！"同事赶紧拦下来，"好好好，您别扔了，别扔了，我们暂且收下，暂且收下。王哥，您这恩情我们记下了，您太仗义了！兄弟我没什么大能耐，往后如果有用得着兄弟的地方，您随时一句话，我赴汤蹈火在所不辞！"

仁者，爱人也，能够爱人，凡事能够设身处地为别人着想，替别人考虑，而不为己，发恻隐之心，宽厚正直，即为"仁"。何谓义？人字出头，加一点，在别人有难时出手相助，帮人一把，即为"义"。王利怀仁义之心，宁可让自己吃亏，也要让别人受益，他做到了立己立人，达己达人。

第六章　把诚信看得比天大

王利语：诚信比天大，一诺值千金。

第一节　儿时的诚信情节

王阳明在家训中有言：持纯粹心，做至诚人，至诚胜于至巧。唯天下之至诚，然后能立天下之大本。

王利从小就信守承诺。儿时某天，他与小伙伴们约好第二天早晨7点在某条街的电线杆旁集合，然后一起上学。第二天一早，王利早早地赶到约定好的地点，等着小伙伴们。等了半天，也不见小伙伴们过来；等到太阳都已经爬上电线杆头了，还是没有人来；等到上课时间都过了，王利也没见着一个小伙伴的影子。王利等累了，就在电线杆子上靠着歇歇；腿脚站累了，就在电线杆脚下蹲坐一会儿；等得瞌睡都来了，索性抱着小书包坐在墙边迷瞪了一会儿，不知睡了多久，醒来之后还是一个人影都没看到。王利寻思着，他们肯定不会来了吧，但他从没想过要走，信守约定的王利硬是一步没挪地儿，坚持不懈一直等到放学。小伙伴们放学后经过这里，看到王利蹲在电线杆脚下还在那里傻等，一个个笑得前仰后合，不仅没有道歉的意思，反而嘲笑王利太傻。

王利坚定地认为自己做的是对的，说好的约定，就一定要兑现，怎么能一声招呼都不打就爽约呢？至少让这几个小伙伴看到自己是诚信守约之人。而对他们这种随便放人鸽子还嘲笑别人的人，小王利心里面也压根儿没在乎，因为不信守承诺之人，也不值得他花费心力。这次你们骗了我，那我以后再也不和你们做约定。

小小的王利就已经非常注重诚信了。王阳明心学尤其注重个人的道德修养，说过"应好是而恶非"，认为"良知"是做人的准则，能够凭借它辨明是非善恶，也会影响一个人的言语、行为。

王利常想起父亲和大爷的嘱咐："诚信是做人的本分""仁义是做事的基础""诚信比天大，一诺值千金"……这些话早已入脑入心。这个电线杆下的诚信小故事，充分证明了小小的王利已经做到了身体力行地信守承诺。长大后的王利，也越发坚定诚信守诺的做人原则，当初那颗诚信的种子已经长成参天大树。接下来发生在王利身上的种种故事，也再次证明了"唯天下之至诚，然后能立天下之大本"，王利相信具备诚信之心的人必定会走上一片坦途。

第二节　诚信从小事做起

熟悉王利的朋友都知道，王利极少张嘴向别人借钱，因为在王利的眼里，借钱就等于借人情。如果他欠了人情，这心里就像钻了蚂蚁一样，浑身难受。他时常想起一件小事，也因为这个小事，让王利心里埋下了这种最受不了的滋味。为了摆脱这种感受，王利只要欠了别人钱，恨不得下一秒就把钱还上，用他的话说："不赶紧还上我就别想过安生日子了。"

王利还在无线局工作的时候，与妻子张彦廷两地分居，需要定期探望。这天，领导派王利到北京双桥发射台调试机器，那天正好也是王利准备到顺义看望妻子的日子。那时都是自己掏钱买票坐公交车，王利翻了翻裤兜儿，一看还有一块钱，他心里算了一下，从北京到双桥坐公交是2毛钱，从双桥到顺义应该是4毛钱，除了买票还有富余的，还可以买包烟犒劳一下自己。王利就坐上公交车直奔双桥发射台，抓紧调试完机器，出来就买了一包"红叶"牌香烟，还剩下4毛2分钱，他心想够到顺义的车票钱了。谁承想"百密一疏"，买票的时候售票口乘务员告诉他从双桥到顺义车票是5毛钱，王利还差了8分钱！王利脸一红，赶紧灰溜溜地下车。

这下可怎么办？和自己算的不一样啊，王利想如果没买这香烟就好了，可现在怎么办呢？没钱肯定走不了，要想走就只能向车站的陌生人借了。王利最怕的就是这个，他脸皮薄，让他借钱已经很难受了，现在还要跟陌生人借钱。可不借钱买票就到不了顺义，看不到妻子，妻子心里得多着急啊！

没办法，只有把心一横，借！

可向谁借呢？王利往周围看了看，发现有个军人，王利心想军人的觉悟高，就他吧！于是王利艰难地挪了过去，冲人家不自然地点点头，尴尬地说："兄弟，你好！我叫王利，是北京无线电台管理局的，家住牛栏山……"说了一大堆，还是没说到借钱，人家一脸狐疑地看着王利，从上到下打量了一番，心想这人是干啥的，上来就背家谱？王利这才反应过来，赶紧说：

为善至乐
——记王利

"我跟您说的意思是，我要坐车到顺义，结果买票还差一毛钱，您能借我一毛钱吗？您给我说您是哪个部队的，回头我一定找上门还您！"

人家这才明白王利的意思，也不好意思地说："哦，原来是这样啊！可实在对不起啊，我也是刚刚坐车回来的，身上已经没有钱了。"说完还把两个裤兜翻给王利看。

"这可不必，不必，没事儿，我再找别人借。谢谢了啊！"好不容易鼓起勇气跟人家张口借钱，结果人家还没有，王利脸上更加臊得慌，赶忙道谢离开。

过了一会儿，王利又看到一个军人，手里提着一个网兜，里面装的洗脸盆、牙刷和牙缸之类的洗漱用品，背上还背着一个很大的军绿色背包。"这位看着像要去坐车，身上应该有钱吧？"王利这一次胆子稍微大了一些，他走上前去，跟人家笑着说："同志，您好！我叫王利，是北京无线电台管理局的，家住牛栏山……"

这位当兵的同志也是一脸茫然，没等王利说完，就直截了当地问："请问您有什么事？"

王利赶紧接话："是这样的，同志。我想买票到顺义去看我媳妇，结果今天花钱花冒失了一点，现在买票还差一毛钱，冒昧地请问您，能借给我一毛钱吗？过几天我一定到您部队当面还给您！"

这位当兵的同志听他说完直接从口袋里掏出一毛钱交给王利。王利大喜过望，赶紧接过来说："谢谢你，同志！您可真是个好同志！您帮了我大忙了，谢谢谢谢！"

"没事，正好我也到顺义。"当兵的同志摆摆手，回答说。

一听这位同志也到顺义，王利更加高兴起来，伸手从他手上抢过网兜，帮他拿着，还要去接人家背上的背包。"这个不用，真不用，谢谢了，我们军人怎么能让别人帮我们拿东西！"

　　"好好好，您等会儿！"王利一路小跑买了票，跟着他一起上了车，两人挨着坐，一路聊得不亦乐乎。王利得知这位同志要到顺义南边的长途汽车站，他心想要尽快把钱还给这位同志，下车以后，就飞奔似的往妻子张彦廷单位跑。跑着跑着路上碰到一个骑车的熟人，是交警队的小崔。小崔见他跑得呼哧带喘，问他："你这是着急到哪去？"王利看见他，又看了眼他屁股下面的自行车，心想这不正好，骑车可比跑快多了！就直接一屁股跳上了自行车后座，上气不接下气地说："快！到长途汽车站！"

　　小崔一见这阵势，心想肯定是遇到啥大事儿了，赶紧使劲蹬轮子。突然王利又拍了下他的后背，大声喊道："你身上带钱了吗？"

　　"带了带了！"

　　"那就好！快，再快点！"说着王利还用手指着前面的方向。

　　本来还想问一句到底怎么回事，听到王利这么着急，不敢问了，更加卖力地蹬着车轮子，一刻不停，汗流浃背地飞速骑到了长途汽车站。

　　一到车站王利就跳下来，没等小崔把气喘匀了，就问："身上有一毛钱没有？"

　　"一毛钱？"小崔边喘气擦汗，边从兜里拿钱，"你干什么用？只要一毛钱？"

　　王利没来得及搭话，拿过钱转身就往车站里面跑，晾下小崔单腿扶着自行车不知所以。跑到等车的地方一看，还好车没走，当兵的同志也在，王利赶紧把这一毛钱塞到当兵同志的手上。那兄弟看到他很吃惊："你怎么来了？哎呀，不就是一毛钱吗？我都没指望你还我。看你跑得这满头大汗的，我都不好意思了。"

　　王利一边擦汗，一边说："欠钱还钱，天经地义！是我不好意思才对，非常感谢你啊，兄弟！"

挥别过后，王利像完成一件大事似的，心满意足地、一脸轻松地走出来，小崔看到他赶紧跑过来问："王哥，出啥事了？"

王利一五一十说了事情原委后，小崔一拍大腿，乐了："我说王哥，就这点事你至于吗？看这架势以为是别人欠了你大几万呢！"

"这你就不懂了。别人欠我钱，我不着急，但我不能欠别人的钱，我心里可迈不过那个坎儿！"

从此以后，王利深刻吸取教训，每回出门身上都带着银行卡和足够的现金，万一现金不够用了，有银行卡也可以随时去取，双保险。确实，在接下来的很多年里，王利再没遇到过这么窘迫的情况。

这就是王利的真、王利的信。

第三节　道不同不相为谋

对占便宜这事，在王利这里，首先坚决不占别人的便宜，这是他的人生准则，同时他还乐于被别人"占便宜"，这是他的胸怀和人生境界。可是，如果遇到喜欢贪小便宜的人，那可就不行了。眼里容不得沙子的王利一点都不含糊，坚决斗争到底。

还在《电视周报》任职的时候，王利偶然结识了小李。小李级别比王利高，是王利的顶头上司。他们两个人之前就是朋友，现在又是上下级关系，加之小李人勤快，积极热情，王利和小李相处起来也很愉快，他觉得这人可以共事。

可是一件事让王利彻底推翻了对他的看法。

当年电视台落实上级指示，要提高优秀作曲家的地位，为此要在北京和南京各搞三场演出，扩大宣传效果。活动策划得好，但台里没有预算，也没有单独拨付经费，这方方面面的花费和支出就需要赞助商来投资，小李把这个难题交给了王利。

交给王利也没什么，"交给我我就干呗！"于是，王利为了这事上上下下，尽心尽力，费了很大工夫，最终找到了东风电机厂出资 3 万元赞助本次活动。

费用一到位，台里就开始紧锣密鼓地筹备。经过精挑细选，敲定了十名优秀作曲家、十名歌唱家，选定了十首曲目，还为他们准备了当年最知名的伴奏乐队。接下来就是对赞助单位的宣传，王利心想："既然人家出了钱，就不能让人家的钱打水漂，谁挣钱都不容易，只要能起到宣传效果，在我的能力范围内，一定要尽力做好。"

终于到了节目快要上演的时候，演出票已经印制好，除了市场销售，还有一部分可以分配给台里的演职人员和赞助商。王利心里琢磨，"这次的活动给赞助单位的回报实在太少了。演出的钱从哪儿来的？人家赞助商出的！没有赞助商出钱就办不了这次活动，这票分配首先要考虑人家应得的那部分，做人要讲信义！"

王利越想越觉得在理，干脆直接拍板儿，"我做主了！报社的人都可以不去，票都分给赞助单位。"于是，王利把内部分配的演出票都交给了东风电机厂的负责人齐总。

回到单位，王利很满意自己的做法，他想自己能够多回馈一些东西给赞助单位，心里很舒服，沏上茶水，心里正美的时候小李进来了，小李在桌子上翻来翻去啥也没找着，王利就问他："你找啥呢？"

小李说："找票呀。票呢？"

"哦，票呀，已经分了，人家赞助单位出钱才搞起了这次活动，都给东风电机厂了。"

小李一听急了，又问："那么多票，全都给了？"

为善至乐
——记王利

"是呀，怎么了？"王利觉得莫名其妙。

"这些票可都是钱哪！你懂不懂？你懂不懂！演出你不看，可以，但也可以高价卖出去呀！便宜谁也不能便宜了他们赞助商！这次演出给他们做了那么大的宣传，还给他们票？"小李噌的一下几乎都要跳起来，吹胡子瞪眼地朝王利大声嚷嚷。完了还觉得不过瘾，气没撒完，小李抓起茶杯"啪"的一声蹾在桌子上："你去给我要回来！"

王利一听，"还高价卖出去？真有你的，我王利可做不出来！"

"你做不出来你高尚，但也不能断了兄弟们的财路！"

"还断了兄弟们财路，你可别乱扣帽子让大家瞧不起我！我问你，谁指着卖张票就能发财！这些票都卖了又能让谁发财！再说了，给出去的东西谁还往回要？要票你去要，我还嫌丢人呢！"

小李不依不饶，"我去就我去！你开车，拉上我！"

由于小李不会开车，王利只好不情愿地坐上车，慢慢摇起方向盘，心里别提多窝火了。

到了人家单位楼下，王利静下心来想了一下：如果真要向人家要票，还是得自己去，让小李去指不定惹出什么大事呢！如果小李在人家大楼里还那样嚷嚷，那丢人就丢大发了。

"你等会儿，我先给人家打个电话！"王利不等小李开门，撂下一句话，就径直下车，到门卫室拨通了齐总的电话。

"喂！我王利呀！啊，我问一下给你的票发完了没有啊？我这边有点不够了，没想到很多人都提出来想去看。"

没想到的是，还没等王利说明白，对方就直接说："王哥，这票就没发出去，我们单位都没人去，我正寻思着给你打电话，让你赶紧过来把票拿回去！"

王利简直不敢相信自己的耳朵，又跟对方确认了一下："是不是啊？你们真的没人去看？"

"千真万确！如果有人看我早就发出去了。难道还骗你不成？要不然我把票给你送过来？"

"不用不用，我这会儿正好在附近溜达，待会儿直接过来拿。"挂了电话，王利仍然不可思议地摇摇头。

"人家这会儿不在，要过会儿才回来。"王利回到车上，把车子开出去溜达了好大一圈，才慢悠悠地回来取票。

票虽然原封不动地取回来了，但这事让王利觉得特别不舒服，心想："人家赞助单位花了那么多钱，不给相应的回报，以后谁还来给你搞赞助呢？做人不能只想着自己，要以心换心，以诚待人。每个人的标准不同，但不能只想着有便宜自己占、让别人吃亏，这是做人最起码的基本准则，到了我王利这里，就是不能越雷池一步的底线！"

自此以后，王利对小李的看法发生了根本性的转变，深刻明白了此人与自己根本不是一路人。

王利虽然豪爽仗义、乐于助人，但绝不会盲目交友。

第四节　"四舍五入"的人生启迪

王利自"小霸王"广告取得成功后，就一直代理段永平的广告业务。有一次段永平和王利结算广告款，数额很大，但尾数是1分钱。王利自然而然地将1分钱的尾数舍掉取整了。段永平问王利："账面上最后那1分钱去哪儿了？"王利寻思你这么大个老板还在乎那1分钱？不以为意地答道："四舍五入，让我给'舍'了。"

段永平听了后，满怀深意地笑着说："为什么是'舍'，而不是'入'呢？"

王利心想："四舍五入，小学就是这么学的呀，你这么大个老板难道不知道四舍五入的道理吗？"再一细品，"不对，不对，阿段肯定是另有深意！"

想到这里，王利感觉内心怦怦直跳。段永平轻轻一句笑谈，却重重震撼了王利的心，他顿时感到自己内心世界里一扇隐蔽的大门被人推开，他醍醐灌顶，豁然开朗。

一分钱也有大道理。就是这一件看上去微不足道的小事，使王利对段永平信奉的"诚信、本分、平常心"的价值理念有了更深层次的认识。他感到自己的人生境界无形之中也提高到一个新高度。

一分钱，现实生活中绝大多数人都不会在乎。可对诚信的商人来说，要做到在一厘一毫的利益面前襟怀坦荡。人性的良善，往往就是在一"舍"一"入""舍"谁"入"谁之间体现出来的。所以，王利为自己擅作主张的"四舍五入"感到自责，内心对段永平更加钦佩和折服。

自此之后，王利在敬畏规则上如履薄冰，直至今日，生意中只要有现金结账，遇到有尾数的，他都会小心翼翼地用胶带把硬币粘好，然后用曲别针别上，郑重地提示对方："这里是尾数的零钱，请注意查收。"

后来每次谈及此事，王利都动情地说："阿段的这堂课让我受益终身！让我的人生目标更明确，前进的路径更清晰。"

第五节　有好事先想别人

王利凭着吃亏是福、诚信为本的原则在商场摸爬滚打数十载，渐渐积累了自己的人生财富，"无私一身轻"，是王利经常挂在嘴边的一句话，也是他身体力行的行事风格。

曾有一段时间，中国股市进入牛市，王利敏锐地捕捉到了这个商机，准备投入股市大干一场。他自己赚到了钱，开始鼓励身边的兄弟朋友、三亲六戚一起赚钱。

可并不是所有人手上都有现钱，有些人想往里面投钱，但"巧妇难为无米之炊"。按理说，这都是别人的事，跟王利有什么关系，能做到主动分享信息，已经是仁至义尽了。但王利对缺钱的朋友说："你不是没钱吗？我先给你垫上！如果赚了钱，我只把本金拿回来，其他全是你的；赔了，我自认倒霉，算在我头上！"

为了让大家都赚到钱，王利操碎了心，专门叫侄子王志强来帮忙。从开盘到收盘，王利死死盯着股市，手里拿着一个小本本，买一笔记一笔，卖一笔也记一笔，买了哪些股、卖了哪些股，多少钱一股买入、多少钱一股卖出，为了不让大家吃亏，他做到小数点后 5 位数全部记得清清楚楚、明明白白。

赚了钱后，王利心情大好，跟小强说："走，给人家转钱去！"

小强傻眼了，这就要转钱啊！换一个没有诚信的人，但凡有点私心，这笔钱晚几个月再转没有任何问题。也有人对王利说："这么一大笔钱拖几个月很正常，你可以再把钱投进去，一个月翻个跟头，翻他三个月再说！"但王利当场回绝："我压根就没想过这个问题！"

去银行之前，王利和小强反复验算了三遍，到了银行，王利亲自填单，仔仔细细校对每张单子上的金额，确保每一笔钱都清清楚楚打了出去。

全部转完之后，王利松了一口大气，带着小强说："走，喝酒去！"

为善至乐
—— 记王利

到了饭店刚把酒倒上，还没来得及喝，王利的电话就开始响个不停，全都是感谢他的话。此时他的心里甜如蜜，帮别人赚到了钱，比他自己赚了钱的感觉还好，这种感觉是一种享受。

诚信，有人比作人格之花的沁人芬芳，拥有诚信，人格才有了灵魂；违约失信或许可以获取眼前的一些蝇头小利，但失去了花香，再美的花朵很快也会迎来凋亡的命运。

王利恪守诚信的例子还有很多。

若干年前，有一家专门代理金正音响设备的公司，急需资金，给出的回报十分可观。公司资金缺口 120 万元，王利认可这家公司的市场前景，准备借钱给该公司。

他借了 85 万元然后找到了好朋友刘伟，刘伟时任北京龙泉宾馆的董事长、总经理。到了刘伟办公室，王利把事情和刘伟说了，让刘伟也参与。

刘伟抬头说："这事儿好是好，可要是他们还不上，那不是往里白扔钱吗？"

为了打消他的疑虑，王利直接在刘伟办公桌上拿起纸和笔，写下："今刘伟拿出 20 万元借给该公司，一旦出现还不上的可能，这笔钱由王利负责偿还。"

刘伟看着纸条直发蒙，心里惭愧至极。于是，二话不说，撕毁纸条，答应借 20 万元。

其余的 15 万元王利又分别找了两个朋友参与，其实王利完全有能力自己出资 120 万元，自己获得后期的回报。你说他是憨、是傻，还是无私、仗义？

但是后来由于一些原因，这钱一欠就是好几年。一天，这个老板亲自上门找到王利，开门见山就说道："大爷，等哪天我把钱还给您！"

王利听到这话一愣，问："你欠我多少钱？"

那老板从西服内兜里拿出一个小本儿，翻出来看了看说："本金 120 万。"

王利这才想起来，说道："哦！是有这么回事儿。这 120 万里面有 35 万是我从另外三个朋友那里筹的，你先尽着把他们的 35 万还了，连本带利算清楚点，我这边的什么时候还都行。"

老板听到点点头，话不多说。

到了第三天，老板又打电话给王利："大爷，您那三个朋友的钱我已经连本带利算清楚了，也包括您的钱，我一起给您送过去。只是拿现金太多了，您看开支票行不行啊？"

王利心不在焉地说："支票我上哪换钱去？你还是给我现金吧。"

"好，那我准备好现金，再去找您。"

王利没当回事儿，就挂断了电话。

到了周一，在去医务所拿药的路上，王利电话响了，听到里面说："大爷，您找个地方坐住了，坐稳点儿，接下来我要说的事儿怕您经不住。"

王利听出来是那家公司的股东之一，姓马，他说："你有事赶紧说。"

"好，大爷您坐稳了，事情是这样的。我们老板周末和他老婆打球，结果心脏病突发，人没了。"

王利听后如同晴天霹雳，差点没站住，"他年纪轻轻啊，才 39 岁，怎么说没就没了呢？上周还跟我谈笑风生地说要还给我钱呢。"王利心里不是滋味，为失去一位朋友感到惋惜。过了一会儿，他缓过劲来，想起这个公司的钱还没还，自己的倒无所谓，关键那三个朋友的钱一定要还上啊，自己亲自做的承诺，一定要兑现啊。

王利赶紧给那三个朋友打电话，内容都一样："那个公司的老板周末去世了，借出去的钱现在有可能要不回来了。但是请你踏踏实实地把心放在肚子里，我承诺过的事情，一定要做到，而且肯定会做到。"

做好三个朋友的工作后，王利紧接着咨询了律师，结论是没凭没据，如果人家死不认账还真没辙。这时，他已经做好了钱要不回来的准备，他想自己先把三个朋友的钱连本带利一起还了。

几天之后，那个公司专门派人来找王利，把老板之前准备还的钱送上门来，他们说老板深深为王利的为人所折服，平日里也经常在他们面前提起王利，他们知道老板这个钱一定要还。所以，他们办完了老板后事，第一时间把钱连本带利、一分不少地给王利送过来了。

王利听后，也深受感动，他为这位老板恪守诚信的品质感动，也更加坚定了自己信守承诺、以人为先的"无私一身轻"的作风。"不逆、不臆而为人所欺者，尚亦不失为善，但不如能致其良知，而自然先觉者之尤为贤耳。"

第六节　欠别人的要还

在日常生活中，言必信、行必果，才是君子所为。在知和行上，王利做得很到位，对小孩子的教育，王利也不喜欢讲那些大道理，品格是行胜于言，身教胜于言传，这一点王利说他也继承了父亲和大爷的品格。

一次王利的妻子张彦廷在网上认识了一个导游，专门负责日本的游轮旅游业务。她觉得带孙女坐一趟游轮挺有意义，又好玩，又开阔眼界。导游告诉她每人需要交押金1万元，张彦廷、王利和孙女三个人，以及另外邀请了两个朋友，再加上船票总共8万元，张彦廷将8万块给导游转了过去。

王利起初就觉得纳闷儿，去过很多地方了，从没听过买票还有押金一说。不过既然妻子已经定了，他也没说什么。

这天，王利躺在沙发上对孙女说："乖乖，爷爷奶奶带你坐游轮，去日本玩儿，好不好啊？"

孙女听后特别高兴，手舞足蹈起来，还跟爷爷说："爷爷说了，就不许反悔哦！"

王利答道："爷爷什么时候说话对乖乖不算数了呀，肯定不会反悔！"

孙女问爷爷："你会说日语吗？"

王利哪懂什么日语，随便说了几句。

孙女觉得很好玩，开始一遍一遍地背，听着听着王利就躺在沙发上睡着了，睡醒后他发现孙女还在不停地背着那句不靠谱的"日语"，突然觉得很愧疚："我这不是在骗孩子嘛，以后绝对不能这么做了。"

令夫妻俩谁也没想到的是，网上认识的那个人是骗子，拿了钱人就没影了。没办法，这次游轮肯定坐不成了。孙女问："爷爷，我们什么时候去坐游轮呢？"

王利心想，一定不能告诉孩子他们遇到了骗子，于是用善意的谎言跟孙女说："船坏了，正在修呢。"

不过，看着孙女忽闪忽闪的大眼睛，充满期待的神色，当她听到船还在维修时，只好不情愿地说："那好吧，等什么时候船修好了，爷爷可要告诉我，我要带着我的玩偶娃娃一起去。"

看着孙女转身去找玩偶娃娃的身影，王利心里说不出的滋味："可恶的骗子！"骗了点钱倒是无所谓，关键是欺骗了孙女的童真和期待。不行，骗子虽然行了骗，我可不能再对小孙女欺骗下去，那不和可恶的骗子一样了吗？

为了兑现对孙女的承诺，王利这次亲自订了一趟去日本的游轮，说什么都不能再出幺蛾子，王利上门取的船票，心里踏实。临行前，王利细心地帮孙女收拾好行李，还专门把玩偶娃娃装在行李箱里。这一趟陪孙女儿玩得很开心，看到孙女开心，王利更开心，他一度觉得，这世界上还有什么比孙女童真的笑脸更珍贵的呢？

后来，有人看到照片问起此次旅行，王利就说，孩子当时才三四岁，还在成长期，爷爷说出的话必须兑现，这叫"言出必行"，不然这么大点的孩子会有样学样，如果当爷爷的在孩子面前都不信守承诺，那她以后怎么能讲诚信呢？这样成长的道路岂不跑偏了吗？那可就毁了她一辈子！我绝不允许这样的事情发生！

正所谓"其身正，不令而行；其身不正，虽令不从"。长辈在孩子面前，只有自己先做到诚信，才能以身作则、言传身教，才能令孩子信服，给孩子最好的引导。前有祖上诚信的血脉，父辈言传身教的教导，现有王利以身作则、身体力行的引导，王利相信"诚信做人"的原则在王家一定会发扬光大。

对王利来说，信守承诺、一言九鼎、说一不二的性格，早已成为他自然而然的无意识行为，不管在哪里，也不管对谁，哪怕素昧平生，依然如此。

一般冬天时王利常居海南。饭后闲暇，王利最喜欢的就是出门遛弯，吹一吹海风，踩一踩沙滩，看一看日落，别提有多惬意了。

有一天，王利像往常一样吃完晚饭在大街上溜达，突然感到肚子里一阵翻腾，起初还想忍一忍就走回去了，结果肚子里翻江倒海，他根本没有散步的闲情逸致了，只想赶紧找厕所解决。

好在不远处就有一个公厕，王利赶紧小跑过去，但里面没有厕纸。王利见旁边不出5米有个小卖部，他尽全力一路小碎步倒腾着过去，问："老板，您这儿有卫生纸卖吗？"

老板指了指摊位，说："卫生纸没有，有纸巾你要吗？"

"对，对，就是纸巾，多少钱一包啊？"王利边说边伸手往裤兜里摸，心里咯噔一下，冷汗都出来了，"坏了！出来遛个弯而已，穿着个大裤衩子，哪还能想到带钱买手纸啊！"

老板看到王利痛苦地强忍着的表情，递给他一包纸巾，赶紧指着公厕说道："看你憋坏了吧？先去上了厕所再说！"

上完厕所，王利赶紧来到小卖部门口对老板说："感谢老板救急了！我这穿个大裤衩子出来遛弯儿，确实没想到这一出，我这就回去给您取钱去，不好意思请您等会儿我啊！"

说完扭头就往家里跑去，等取了钱再出来的时候，天色已晚了，王利心想应该没这么早关门吧！就加快了脚步，可当他来到小卖部门口时，老板果然已经上锁回家了。

王利只好悻悻地回去。

第二天一早，王利又来到小卖部门口，一看还是大门紧锁。他就不信这个邪，后面几天天天过来，可每次来都是一样大门紧锁，这是咋回事啊？王利心里急了，扒拉着窗户往里面看，里面确实没有人。这时突然听到身后一声大喊："嘿！你是干吗的！"

王利吓一大跳，赶忙退下窗台扭头一看，是个五大三粗的中年男人，40岁左右，但不是这家店的老板。王利赶紧解释道："是这样，我前几天着急上厕所，用了包纸巾没来得及给钱，后面天天往这跑，就是想还钱，可一连几天都不见开门，我就往窗户里面看看到底是咋回事儿！"

开始以为是小偷准备偷东西，听王利这么一说，这人笑着

为善至乐

说："你这人还挺有意思。这儿附近都是别墅区，都是有钱人住这里，相信你也是有钱人吧？"

"啊，可能还行，还行吧。"王利不无尴尬地挠头说。

中年人听到后，觉得不像是个骗子，就说："他家这几天有事，就没开张，再说谁还会在乎这两块钱，你还跑了好几趟？"

"那不行，说出去的话就是泼出去的水，一口唾沫一个钉，说了还人家就得还人家啊。哎，我看你跟这老板挺熟，要不我把钱给你，劳驾你代我还给他吧，要不然我这心里面总有块石头放不下！"

没等这人说话，王利就赶紧把两块钱塞到人家手上，扭头就走，任人家叫喊"嘿，你给我回来！"王利更是一路小跑，头也不回，生怕走慢了，这两块钱就又没还回去。

无独有偶，还是遛弯儿的事情，王利这回吸取了教训，出来遛弯儿也随身揣点零钱。

这次是遛弯儿结束往家走，看到路边有个馒头摊，王利心想带几个馒头回去，明早就不用做饭了。当他走到的时候，老板正在收拾东西，边收拾边说已经卖完了。王利看到那不是还有一袋儿吗，于是就指着问："您这儿不是有一袋吗？"

"哦，这是别人预订的，一会儿过来取。"

正说话这工夫，那袋馒头的主人走来了，听到他俩的对话，豪爽地从袋子里面拿出两个，操着东北口音对王利说："送你两个，反正我也吃不了。"

"那哪成啊！我可不能白要你的东西，我给你钱。"

结果那东北大汉也是个直脾气，直接打断王利的话说："俩馒头至于吗！还要你钱？拿走吧！"俩馒头塞给王利扭头就走了。

回到家后，王利吃着馒头感觉很不是滋味儿，味同嚼蜡。晚上在床上翻来覆去睡不着，心里暗自下定决心："不成，不成，这馒头不能白要人家的，明天还是要把钱给人家，要不然就直接给人家买一袋。"

又是第二天一大早，王利又来到馒头摊儿，等来等去没有见到那东北人。晚上遛弯儿出来又专门在这儿守着，眼看要收摊儿了也依然没见着那人。于是只好问那老板："老板，昨天送我俩馒头那东北小伙儿，您认识吗？"

老板看了一眼王利，认出他来了，就说："那个人我也不认识啊。"

"那他平时都什么时候来您这儿买馒头？"王利不依不饶地问。

"不知道啊，这人平时也没怎么看到过。"

王利挠挠头，再等等吧！等老板已经收完摊儿了，看来今天肯定是等不到了，就对老板说："老板，这是一袋儿馒头钱，下次您要是再看见他，替我给他拿一袋儿。"

老板一听乐了："就俩馒头，人家小伙儿肯定没有放在心上。以后能不能碰见都不一定了，即使碰见了我估计他肯定也不会要。"

"要不要是他的事，我说了要还就一定要兑现啊。"说完就把钱放在摊位上，像了却一桩心事似的信步回去了。

人生之舟，不堪重负，有舍有取，有失有得。失去了美貌，有健康相伴；失去了荣誉，有才学相随。但如果失去了诚信呢？那你所拥有的一切，金钱、荣誉、才学等不过是水中月、镜中花，过眼云烟而已。

简简单单"诚信"两个字，不是靠嘴上说出来的，而要靠扎扎实实做出来。有些人做一时可以，也有人是选择性地对特定的对象才守诚信，但对王利来讲，那是融入骨子里的东西，不论何时、不论何地、不管对谁，永远都是"诚信比天大、一诺值千金"。王利不图虚名、不贪图利，只求信守承诺后的心安，但如果不是这个性格，恐怕就不会有王利后来的成功。

第七章　认准的事情就要做好

王利语：把人家的事儿当成自个儿的事儿去办。

第一节　一生的贵人

　　王利在商海里叱咤多年，为人仗义，江湖人人称他为"大爷"。如果问在父辈以外，还有没有王利特别看重、特别尊重、特别谦恭相待的人呢？还真有。

　　段永平，就是王利心中的贵人。

　　段永平现如今已是步步高集团的董事长，早年他创立了"小霸王"和"步步高"两个知名品牌，现为"步步高"、OPPO、vivo 等著名品牌的"幕后老板"，他是中国第一位拍下与巴菲特午餐的企业家，是拼多多创始人黄峥的"导师"，曾被《亚洲周刊》评为亚洲 20 位商业与金融界千禧年行业领袖之一。

　　从段永平创立"小霸王"开始，王利就与他相识，后来代理"步步高"的广告，性格相似的两人很快便心灵相通、彼此信任，并由此创造了连续合作三十多年的广告业奇迹。这个奇迹的诞生，除了与两人的性格息息相关，还与步步高"诚信、本分、平常心"的企业文化密不可分。或者准确地讲，这样的企业文化让王利受益匪浅，让王利真正感受到了"诚信、本分、平常心"更深层次的含义。王利的企业能一步一步走向今天，离不开段永平最初的引路，所以从某种程度上来讲，段永平就是王利的贵人，同时也是王利经商处事的引路人。

信任是相互的。王利亲切地称段永平为"阿段"。人们都很好奇，段永平可是在商场上赫赫有名的大人物，为何会对看似普普通通的王利刮目相看呢？王利又怎么会和这位企业界大佬称兄道弟呢？

每当有人问起王利和段永平的关系："你和段永平究竟是合作伙伴还是好朋友？"王利总是要特别强调："我和段永平首先是朋友关系，然后才是合作关系，这个顺序不能颠倒。我非常敬重段永平，他有大智慧。他这人虽然言语不多，但往往一语中的，还具有一双慧眼，一眼就能看透你的内心世界。"

王利接着说："他是我的贵人，我们是相互信任的伙伴。"说到连续合作三十多年的成功经验，王利还特地引用了段永平的一句话："没有特别的秘诀，主要在于选择，找到同道中人。因为你是没有办法说服不相信你的人的。"从这个结论来看，两人相互选择相互信任，是同道中人。他们共同的经营理念是诚信、相互信任、互利互赢。选择了对的人，才能做成事。

回头来看，王利和段永平之所以能结缘，正是因为王利"至诚""守拙"的本性，与步步高"诚信、本分、平常心"的企业文化不谋而合，王利做事的风格与段永平的处事风格也高度一致。

王利的"愚"、王利的"拙"，还体现在一旦他觉得这个人值得共事乃至深交，就会毫无保留地全身心与之合作。这在一件事上体现得淋漓尽致。

为善至乐
—— 记王利

　　一次，段永平想要在北京城区的交通主干道上做"步步高"的广告，他把这个事交给王利办，地点也明确告诉他了，就是从新街口到西四这段繁华街区的公路两边，那里有 250 块新竖立起的广告牌，目前还空着，段永平让王利找商家去谈。王利第二天一大早，驱车从新街口开到西四，这段公路确实繁华，两边有很多新广告牌，王利仔细数了数，不多不少，250 块！这时恰好东方日出的阳光透过车窗温暖地映照在王利的脸上，他想："这个地方如果登上步步高的广告，最适合不过了！每天初升太阳的光芒照射在广告牌上，与步步高的寓意刚好契合，那将是多么完美的画面啊！"王利不由得敬佩段永平的商业敏感度。

　　于是，王利通过多方打听找到了代理这个地段的广告公司，他立即与这家广告公司负责人进行谈判。对方报价一块广告牌 5 万元，王利觉得太贵，这样算下来 250 块广告牌就是 1250 万元。王利完全把段永平的事当成自己的事在做，他要凭自己的"三寸不烂之舌"把价格降下来，最后他干脆赖在人家办公室不走了，那人走到哪里王利就跟到哪里，可以说为了降低成本他无所不用其极。

　　几天之后，王利再次真诚地邀请对方来自己的办公室谈。对方被王利的诚意打动，最终以 2.5 万元一块的价格让给了王利，总价从一千多万元降为 625 万元。谈妥后，王利兴奋至极，等不及送对方出办公室，就抓起办公桌上的电话打给段永平，电话接通后王利兴奋地说："阿段，广告牌拿下来了！单价两万五一块，250 块广告牌的总价一共是 625 万！"

　　撂下电话后，对方疑惑地盯着王利，把王利看得心里直发毛："怎么了？有什么不对吗？价格说好了不能变的！"

　　"你是开广告公司的吗？"对方问。

　　"是呀！这不上面印着的嘛，如假包换。"王利拿起一张自己的名片指给对方看。

"我说，有你这么做买卖的吗？"对方眼睛都瞪直了。

"怎么了？"这回换成王利困惑了。

"你把实底都告诉人家了，你一个开广告公司的还怎么赚钱？你利润在哪啊？你吃什么？"对方发出了一连串疑问。

看到对方一脸蒙，王利接着说："我是靠做广告业务赚钱吃饭，这事儿不假，但我代理的这个广告是我朋友的，他公司才刚刚开业，我得先为朋友着想啊！挣不挣钱的以后再说。"

"原来如此，你真仗义！兄弟敬佩！"说完，对方起身作了个揖，径直走出门，到了门口，又转身对王利说："咱都是这个广告圈的，以后你有什么事，随时说！"

王利赶紧起身回了个礼，跟在后面送他出去，"我这人就是这样，真心实意交朋友，真心实意做事，为朋友付出再多也没事。"

王利和段永平早已超越了生意上的合作伙伴关系，他们是彼此信任的朋友了。所以，王利常强调，他和段永平首先是朋友，其次才是合作伙伴。能帮朋友赚到钱，比他自己赚到了钱还高兴。

虽然这个广告后来因故没能做成，但"真心实意为朋友着想"的王利，已经在大家心中树立起高大的形象来了。值得一提的是，当时王利给段永平打电话说路牌底价时，段永平根本不知道路牌负责人就在旁边，王利没有说。王利一直认为当一个人测体重的时候，用不着强调自己到底多重，因为体重计已经显示出来了。在人与人的交往中，也不用特意强调自己的分量，因为交往的对方就是灵敏的秤，他早就知道你的分量。不仅这一次，王利还用很多亲身经历告诉我们，一个"真正为朋友考虑的人"到底是什么样子的。

不久之后，步步高的广告又打到了首都国际机场。

为 善 至 乐
——记王利

　　当年的首都国际机场尽管还没有第三航站楼，但已经是亚洲最大的机场，客流量巨大。当时国际机场的广告牌被一位商人承包了，空置了较长时间。

　　有一位热心的朋友知道王利开了广告公司，就把这个信息告诉了他。王利得知这一消息后，又立即想到了段永平，马上给他打电话，问他投不投广告。当时正在清华大学读 MBA 的段永平接到电话后，走出教室，略微思考了下，说："我相信你，做吧。坚持做一个月，正好赶上 11 月 8 日中央电视台招标，各地大企业都要来，到机场一看全是步步高的广告，广告达到这个效果就可以了。"

　　撂下电话后，王利立即找到那位商人，很快办妥了手续，到 11 月上旬，正好代理一个月。

　　旋即，由施瓦辛格代言的步步高广告很快占满了首都国际机场的 67 块广告牌。当时王利最喜欢做的事情，就是驱车前往首都机场兜风，骄傲又心满意足地望着那一路的广告牌。

　　尽力帮助合作伙伴赚钱，同时自己收获实实在在的成就感和满足感，这就是王利的生意之道。

　　一个月转瞬即逝，广告到期该摘牌了，可广告商还没有拉来新客户，而广告牌又不能一直空着，于是步步高的广告就继续在那挂着。新广告什么时候招进来了，再什么时候撤，这一挂就是两年八个月。

　　转眼间，步步高与施瓦辛格的代言合同要到期了，广告再不撤，步步高就要违约了。这时王利主动找到那位商人，说："我们的广告投放到期了，广告牌可以摘了。"

　　如果没有代言合同到期的约束，步步高的广告挂到什么时候都不知道。67 块广告牌足足挂了两年八个月，在首都国际机场那么显著的位置，它究竟创造了多少价值，王利从来没有想过，也不会去想。

有人问王利："你机场那个广告，收'步步高'多少钱啊？"

"收了 40 万。"王利爽快答道。

"挂了多长时间？"

"两年零八个月吧。"王利又淡然答道。

"那里可是首都国际机场！挂这么长时间广告的价值是多少？"

"我不知道呀！没算过。"王利耸耸肩。

"我告诉你吧，这一年的价值就是 1800 万！"

王利从来没想那么多，王利常说："我不是不爱钱，钱谁不爱啊？那玩意儿多好啊，想买啥买啥，想吃啥吃啥。可这世界上有比钱更重要的东西，我更注重朋友之间的情分和信任。钱和人比，永远排第二！"

信誉不是说出来的，而是做出来的。王利用实际行动证明了这句话，得到了业界的广泛认可，也得到了段永平的信任和赏识。

由于王利的广告公司长期承揽着"步步高"与央视的广告，不理解和眼红的人不少。有一位"步步高"的销售代理，看着事业蒸蒸日上的王利，有了和他拼一拼的打算，他撺掇另外一家很有实力的广告公司去争广告代理权，为此忙前跑后，最后居然把段永平请出来与广告公司的董事长见了面。

得知此事的朋友赶紧偷偷给王利通风报信："大爷，你也赶紧去找一下段永平吧！有人要把你的代理权夺走。凭你们俩这么多年的关系，你只要开口，想必段永平一定会答应的。"

谁知王利在电话那头说："你的好意我心领了。我不用去找他，我什么也不用做，我信得过段永平。"

果不其然，当谈到代理权转移的事情时，段永平态度坚决地说："我可以给你其他业务，但是中央电视台的代理你不要想了。我跟王利从5万块钱的事情一直做到今天，我信得过他。"

这就是他们两人之间不可离间的信任。

要说这信任的基础，就是对朋友毫无保留地付出，用王利的一句话说，就是：把人家的事当作自己的事去办！

有一次王利与段永平闲聊，不经意地问："阿段，你说说，我在你眼里到底是个什么样的人？"

段永平很有深意地看了他一眼，笑着答："你呀，大智若愚。"

外智而内愚，实愚也；外愚而内智，大智也。"智""愚"之别，实为内外之别、虚实之分。外表聪明的人，将精明表现在外表上，处处斤斤计较，高调张扬，唯恐别人不知道自己的精明干练，结果往往聪明反被聪明误。这种聪明实际上是小聪明，肯定不能长久。而真正的智者，遇事算大账不算小账，处事低调，为人豁达，做事适度有节，外表看上去愚笨糊涂，实则心知肚明。

"唯天下之至诚，然后立天下之大本"。王阳明认为，做事情必须要守"诚"，才能格物，进而致知，否则"知而不行，实未知也"。"诚"体现在行为上，就是不自欺，不欺人，不欺世。所以，王阳明也曾在家训中告诫后辈说：毋说谎，毋贪利。

王利说："厚道是最高的精明，机关算尽，不如厚道仁心。不说大话、不图虚名，厚德、厚道，守愚、守拙，肯吃亏、能容人，这才是人间正道，才是真正的智慧。"

第二节　忘年的挚友

古人说："金钱如粪土，情义值千金。"友不贵多，得一人，可胜百人；友不论久，得一日，可喻千古；友不择时，得一缘，可益一世。

王利的朋友不少，但真正用一生深交的朋友，王利还是非常谨慎的，除了段永平，另一个让王利有幸结识的朋友是池燕明。

池燕明，北京立思辰科技股份有限公司创始人、董事长，1990年毕业于清华大学，1999年创立了立思辰公司，2009年成为首批在创业板上市的公司。

王利与池燕明认识时，池燕明还是一名在清华读书的学生。池燕明很有经济头脑，他思维活跃，还没毕业就开始做生意了。一开始他向姐姐借了1000块钱卖服装，但是不理想，赔了钱，不过这并没有令他气馁。很快，他就根据校园里学生的需求做起了滚筒印刷，依靠给学生们印刷学习材料，积累了第一桶金。有了积累后，不甘于小打小闹的池燕明又将目光投向了更高层次的办公设备，他开始代理、销售复印机。

在池燕明看来，要把这个事做好，宣传尤为重要，所以他把目光投向了当时全国发行量最大的报纸《电视周报》，他拿出4000元钱在《电视周报》上做广告，而当时在《电视周报》负责广告发行的正是王利。这是他们长达40多年友谊的缘起。

但二人的第一次见面，是以充满了火药味的不欢而散收场的。

彼时，王利已是广为业界熟知的"大爷"，而作为顶尖学府的天之骄子，校内创业小有成就，池燕明多少带着一些盛气凌人的傲气。当他踏入广告部时，王利在座位上动都没动，斜眼看着还是个毛头小子的池燕明，问："你哪来的？"

作为客户，年轻气盛的池燕明自然不满这般"傲慢"的态度，他大声问道："你们这儿谁负责？是不是交了广告费就得登广告啊？"

王利本来正忙得不可开交，突然进来一个稚气小伙猛地来

为善至乐
——记王利

这么一嗓子，王利不由得上下打量起他，他暂时强压着怒火答道："我就是这儿负责的，收了钱自然是要登广告的，怎么了？"当时《电视周报》的广告业务量非常大，如果这期没有版面，顺延到下一期再登是常有的事，如果实在很着急，王利会主动和客户商量，前后交替登广告的情况也是有的。

"那我交了钱为什么没登广告啊！"得到王利的肯定答复，池燕明自然站在了气势上的制高点，声音更加理直气壮了。

王利本来还想解释下，但是池燕明的语气实在不好，他刚才强压的火也不压了，他也大声回应道："没给你登是吧？好，退你钱！"

财务人员就把4000元钱原封不动地退给池燕明。这时池燕明不便再说什么，拿钱走人。王利坐在座位上很生气，抓起近几期的报纸使劲翻着，翻来翻去突然看到了池燕明的广告，赶紧站起来指着说："这不是登出来了吗！"可是此时人已经拿着钱走了。

同事赶忙围过来看："可不是嘛！登了的说没登，赶紧去把他追回来！"

这时王利反而坐下来了，端起茶杯慢条斯理地喝了一口，信心满满地说："用不着去追他，只要他想登广告，早晚会回来的。"

后来果然让王利说中了。过了没多久，池燕明就来找王利了。可他知道自己得罪了王利，不敢生碰这个硬茬子，头脑灵活的他很快就找到了自己的同学小崔来见王利。小崔进门就笑脸相迎，一口一个"哥"喊着。

伸手不打笑脸人，王利看小崔小伙子五官端正，能说会道，人聪明，嘴巴也甜，心里已经有点接受小崔的游说。中午，小崔和王利的这顿饭吃得特别投缘，小崔趁机也把误会澄清了，这事也就过去了。从此，池燕明和王利在业务上开展了更多的联系，同时也开启了他们长达 40 多年的交往。

朋友一旦交往起来了，就把朋友的事当成自己的事来办，这是王利的作风和性格。在业务往来期间，王利尽可能地去帮助池燕明。有了王利的支持，池燕明的事业如虎添翼，发展得越来越好。

多年后，两人早已成为无话不谈、亲密无间的朋友。

立思辰公司上市前，池燕明找到王利投资，王利只问了两句话："给我多少额度？资金需要什么时候到位？"

就这样，池燕明以低于股价的价格，卖给了王利 20 万股原始股。王利眼睛都没眨，直接就把钱投到了立思辰公司。池燕明小心翼翼地问王利："你在我这儿投了这么多钱，不怕公司万一上不了市吗？"

王利听后，爽朗地笑道："赔就赔吧！我投的是你池燕明这个人，不是你的公司！"

从池燕明做复印机业务开始，王利就一路伴随左右，陪着他一起走过。现在好朋友的公司发展到了即将上市的阶段，在这一关系公司发展命运的重大事件上，王利选择的当然是无条件信任和支持朋友。

很快，立思辰就成功赶在中国创业板第一批上市，王利也成为公司的股东之一，亲身参与并见证着公司的成长。王利为好朋友的成功感到由衷的高兴。

立思辰公司现在主营教育事业，其中语文事业积极探索中国优秀传统文化的传承与创新，在这一点上，王利与池燕明有着强烈的共鸣，虽然王利读的书没有池燕明那么多，但他深知这个事业有价值、有乐趣、有福报，他经常鼓励池燕明："大语文事业能传百年，更能千古流传！"

为善至乐
——记王利

人生有涯，情义无价。情义就是别人看到你的不容易，为你付出，义薄云天、肝胆相照；你感恩于心，回馈于行，在朋友有难的时候两肋插刀、不离不弃，绝不会因为利益大小而决定亲疏远近。情义也是人与人之间相互信任的坚固桥梁，无须惊天动地，一丝牵挂，一个拥抱，哪怕是老友之间一句骂骂咧咧的问候，也都蕴含无限情义。情义是用心与心的距离来丈量的，因此无价。

第三节　别样的团聚

俗语曰：家和万事兴。

家是温馨的港湾，心灵休憩的驿站。外面风雨艰难，回到家才有温暖；人情职场心累，回到家才得安慰。一杯清茶，一缕馨香，一声问候，一丝温暖。家是人生路上的航标灯，永远照亮人们前行的方向。

"和"，就是和气、和谐、和美，不要生气，不要吵闹，生气一来伤和气，二来伤身体，三来影响工作和家庭。一家人和和美美地过日子，大事化小、小事化了，不为琐事伤神伤气，才能保持积极乐观的精神状态，才能事业发达，家庭兴旺。

这些说起来简单，但做起来并不容易，因为"家家有本难念的经""清官难断家务事"。自古以来，家事就不好处理，要说难念的经、难断的事，王利亲家的家事更加复杂，但王利用智慧给它巧妙地化解了。

王利的儿媳小宁的家庭情况较为特殊，小宁十几岁时父母就离异了，她由母亲独自抚养长大。至于人家为什么离婚，涉及隐私，王利没有刨根问底。问题是现在阿宁父母分别有了自己的家庭，也就是说，常人一般都是一个亲家——包括亲家公和亲家母，而王利面对的是两个亲家和两个家庭。

不过这也不会影响两个年轻人的婚事，只要年轻人情投意合，王利向来是不干涉的。很快，见过双方父母、看日子、定时间，就到了商量办婚礼的时候了。

王利起初不大想办婚礼，是因为王利朋友多，如果发出喜帖，那赶来凑热闹的人太多，场面太大。想来想去，王利觉得还是不要给别人添麻烦，婚事能不办就不办了。但转念一想，婚事涉及两个家庭，特别是儿子和阿宁的婚事还涉及三个家庭，如果不办，阿宁怎么想？阿宁的父母怎么想？她父母背后的家庭又怎么想？王利想了下，可以不大办，但小办一下是必需的，这毕竟是两个孩子的终身大事。

那就限定范围，不兴师动众。王利和家里人商量，婚礼当天就只宴请自己一家、两个亲家，一共三家人。后来听说，新娘的姥姥要到北京参加孙女的婚礼，她的两个舅舅和表兄弟也要一同来见证，亲家母从大连赶来，亲家公则是从哈尔滨赶来。加上王家一大家子，王利粗略算了一下，暂定十桌酒席。

王利说孩子的婚礼虽然不大办，但绝不能随意办。小办，也要办得隆重、喜庆，给两个年轻人留下珍贵的回忆。用王利的话说就是："做人做事得有里有面儿。"为了给婚礼增添喜庆气氛，王利专门请来演艺圈的几位朋友作为特邀嘉宾。除了这些名人，婚礼还安排了花轿、骑马、舞狮等传统节目，一点儿不含糊。

婚礼当天，亲家母作为头号嘉宾，端坐首席，但王利没见亲家公的身影。其实阿宁的父亲也带着夫人来到了北京，却迟疑不定，没有露面。阿宁的父亲认为，一方面，自己是新娘的

为善至乐
——记王利

父亲，出席女儿的婚礼天经地义；另一方面，前妻在场，多年来是她一人将女儿带大，如果碰面，万一破坏了婚礼的气氛，岂不要后悔一辈子？思来想去，亲家公给王利打电话，表示还是不参加女儿婚礼了，他遥祝新婚夫妇一切安好，万事如意。

王利问："你在哪儿？"

亲家公说："就在北京，世纪金源酒店。"

"那你到北京是来干吗的？今天你必须出席婚礼，你就是为这事儿来的啊！我这就派车来接你。"经过一番苦口婆心的劝说，亲家公终于在婚礼前赶来了，为了见面不尴尬，他没带现任妻子。

亲家母亲家公齐聚，王利满心欢喜。婚礼办得喜气洋洋，隆重而圆满。见儿媳妇的娘家人十分高兴，王利夫妇也长舒一口气，心中的石头落地，算是了却一桩心头大事。

宴席间王利得知，其实亲家母这些年来，也有一位心仪的男朋友，和亲家公的夫人一样，婚礼当天都没到场。王利对两边的亲家说，将来一定去趟东北，专程到阿宁的娘家拜访。可一晃三年过去了，因为王利要在北京操持家业，妻子张彦廷要常去加拿大，两人时间没能凑到一块儿，当年答应的事始终未能成行。终于有一次，王利和张彦廷都把手头的事情忙完了，王利觉得再不去，有点说不过去了，于是，他们启程飞往哈尔滨。

阿城到哈尔滨只有 23 公里，相当于从顺义到北京市里的距离。两人一下飞机，亲家公两口子就开车迎接，直奔阿宁姥姥家。亲家公虽然与前妻离异多年，但对前妻的母亲毕恭毕敬，依然称呼老人家为"妈"，十分有礼貌，这让王利刮目相看。但毕竟已离婚多年，亲家公在这位前丈母娘家多少还是有点不自在，他说单位还有事情，就把车子让给了王利。临走前又嘱咐

· 148 ·

道："看完老太太，回来别住宾馆，就住在我家，家里方便些，显得亲切！"

看望完老人家，晚上亲家公摆了宴席，为远道而来的王利夫妇接风洗尘。东北人的热情好客展现得淋漓尽致，好酒、好菜一应俱全，席间欢声笑语不断，热闹非凡。王利一杯接一杯，几人一直吃到深夜两点才散席。第二天下午王利就要返京，亲家公亲自开车送往机场。这时阿宁在车上突然对亲家公说："爸，我妈现在也在机场，他们回大连去。"

王利听到了心里一惊："这下尴尬了，怎么弄？双方在机场碰到了，多别扭。"亲家公倒是没说话，想必他心里也是五味杂陈。王利大脑也在飞速地思考，突然灵机一动，他对亲家公说："既然你们赶上了，就见见面吧，择日不如撞日，撞上了就别尴尬，见一面这事情就过去了，这一切都是为了孩子好。"

到了机场，王利先下车给亲家母打电话，把那番话又对她说了一遍，听出来亲家母不大愉快，王利说："人家那位夫人挺不错的，还大方，咱也不能掉了份儿，碰都碰上了，还是见见吧！总之迟早都是要见的。"

就这样，王利的亲家公和他夫人、亲家母和她男朋友，在机场候机厅里历史性地见面了。

一开始，双方都挺不自在，原本能说会道的几个人都有些扭捏，王利见状，马上打圆场："今天大家都在这里见了面，那是实实在在的亲戚，也是实实在在的缘分。别人家娶儿媳妇只有一个亲家，而我家有俩，我赚大发了。今天我们三亲家总算聚齐了，东北这一趟真是不虚此行。现在，我正式邀请你们两家人，过年的时候到北京聚会，真正地团圆团圆。咱们现在就把这事定下来，大家说好不好？"两家人都不好驳面子，相互看着笑笑点点头，这事就算说定了。

为善至乐
——记王利

　　转眼间，春节到了，王利盼这天也盼了许久，他专门在北京的一家海鲜酒家摆了一桌20人的筵席，大家欢聚一堂，气氛热烈。

　　为什么只摆一桌？王利有他的考虑，"所有我请来的都是一家人，是一个大家庭，必须坐在一起。一家人不说两家话，我们把掏心窝子的话说出来，一吐为快，一切矛盾不就迎刃而解了吗？"

　　待人到齐后，王利要求所有来宾都做即席发言。让王利没想到的是，亲家公夫人的发言热情洋溢，亲家母的发言友好大方，男宾们的发言更是发人深省，每个人都说得很感慨，席间气氛友好热烈，效果远远超过预期。王利心里窃喜："没想到我这出整得还挺好，开始我还以为要打起来呢！"

　　我们常常看到夫妻离异后，带着孩子的一方总是教育孩子仇视不带孩子的一方，并把对方骂得一无是处，将自己塑造成最可怜的受害者。可这样无形中会给孩子带来很坏的影响，这也导致了一些单亲家庭的孩子出现心理问题。但是王利的亲家母是个例外，比如自己女儿给亲生父亲打电话问候时，她从没有恶言恶语，也没有埋怨，而是细心地嘱咐女儿打电话的时间不要太晚，别影响父亲休息。亲家公也是典型的东北大汉性格，豪爽热情，讲义气，直来直去，充满正能量。可能正是因为亲家母积极温暖的教育和爱，亲家公身上积极正面的能量，让阿宁没大受到离异单亲家庭的影响，反而更加活泼自信、落落大方。

　　由爱到恨有多远？在一念之间。由仇视到包容又有多远？同样也是一念之间。内心的和气恰恰是对生活的勇气，在困惑中不断突破自己，无论生活里经历什么，都应该始终保持积极乐观、喜悦从容，这才是对生活真正的尊重和致敬。

王利说:"这个岁数的我们想过一个问题没有? 我们要为孩子们树立榜样,要让年轻一辈知道这个世界并不全是尔虞我诈、利欲熏心,世间是充满爱的,真爱在人间。"

王利的父亲对他说:"当人因为钱发生矛盾时,人永远是第一位的。"即使这个世界物欲横流,王利也坚信人是最重要的,人的感情、人的心灵是最值得珍惜的。这么多年来,王利始终牢记父亲的教诲,始终把人看得最重要,始终把感情看得最重要,这才有了之前机场一笑泯恩仇的欣慰,才有了三亲家集聚一堂欢乐的热闹。

王利看着小宇和阿宁,看着这对小夫妻,他发觉自己真的老了,尽管人们口中客气,总说什么"福如东海,寿比南山",但无可争议,所有人终将会老去,而该给孩子们留些什么呢? 王利这一代人吃了太多的苦,经历了太多的风雨,他们留给孩子们最珍贵的并不是金钱,而是珍惜福缘,珍惜自己,珍惜身边人的人生智慧。

宴会还在继续,有人欢笑,有人感叹。到最后,人们的目光都不约而同地聚集在这对年轻人身上。不知怎的,儿媳妇此时已经泪如雨下,这时小宇突然起身,把在场的六位老人一一扶到一旁,他大声宣布:"我没和别人商量,但从今以后,在我心中,你们六位老人同是我的父母!"小宇擦干阿宁的眼泪,夫妻二人手牵着手对着亲家母,叫了一声"妈",然后又对着亲家母的男友喊了一声"爸"……

在场的所有人无不感慨、激动、流泪……

我们都在寻找幸福,都在寻找快乐,其实幸福和快乐很简单。什么是幸福? 幸福就是一家人其乐融融,和睦相处,彼此关爱,互帮互助,身体健康。快乐是什么? 快乐就是能够做到彼此包容。

为善至乐
——记王利

　　从古至今，家务事都难理，王利面对两对离异的亲家，家庭情况更加复杂。一般大家遇到这种事躲都来不及，更别说去调解，而王利能将两个不相往来的家庭，重新聚集在一起，甚至还做到了让两个家庭至今都和谐相处、互通有无，更是不容易。

　　本来离异的两个家庭，现在变成了其乐融融的一个大家庭，这样的相处模式使得爱由两份变成三份；孩子们对父母的爱也可以毫无保留地表达了，这样的和解对大人、对孩子都是一种莫大的幸福！

　　当今社会，离婚率越来越高。受传统观念的影响，离婚往往被认为是婚姻的失败，是"不光彩"的事；而父母离异对孩子而言，很多时候是人生成长的"灾难性"事件，给孩子的心理带来各种负面的影响。

　　王利认为成年人应该以正面积极的态度来看待婚姻。世间很多事，你以什么样的态度来看待，就会得到什么样的反馈和情绪。在积极的心理状态下，离婚不是婚姻的失败，而是另觅幸福的一种选择，离异家庭的结构残缺，也并不代表家庭功能的缺失，父母离婚带给孩子的影响未必全是负面的，离异家庭的孩子同样可以成长成才，获得幸福的人生。阿宁不就是这样的例子吗？阿宁的健康成长，离不开她母亲对她的正面教育和她父亲对她的关心和爱。现在阿宁的父母各自组建家庭并且能够做到和谐相处，阿宁收获了更多的爱。对两个亲家来说，也最大限度地弥补了心中对孩子的亏欠。多种能量叠加后，就会催生出一个更加幸福的大家庭，更加自信的两个孩子，这是多么有意义的一件事啊！父母离异或多或少都会给孩子的心理带来一定的影响，但王利认为这不是绝对的，主要看开明的家长如何从中疏导，如何为家庭架构沟通的桥梁。结束的是婚姻，但不应该是父母对孩子的爱。王利知道，一个健康成长的家庭环境，对孩子的身心发展有着极大的正面影响，所以他乐意承担桥梁的角色。保持冷静和尊重，善于倾听和理解，避免指责和攻击，坦诚用心，王利这座桥梁让这一大家子拥有了更加美好的未来。

王利用自己的真诚和坦率去面对他生活中的矛盾和伤害，他用自己的实际行动教育孩子："自己的心地就是自己的世界。用内心的温和包容去化解外界的纷争，你懂世界，世界便宽广。"

第八章　一路相扶前行的两口子

> 王利对妻子说：不管今后发生什么，今生今世，我绝
> 不会抛弃你。

第一节　众里寻她千百度

　　王利这一代人的恋爱带有浓重的时代色彩。青年时期，王利一门心思只想挣工分，为家里多分担一些。参加工作以后，王利也只顾着埋头苦干，那会儿他也没心思谈婚论嫁。上了大学后，王利在与同学们的交往中，耳濡目染，这才开始动了"凡心"。虽有"凡心"，但没"贼胆"，那个时候的大学，男女之间仿佛存在一堵无形的墙，男同学和女同学必须保持一定的距离。所以，那个时候别说恋爱了，当时的氛围甚至让王利觉得，多看女同学几眼都是"罪恶"的。

　　王利大学毕业后，回到无线电局工作，衣食不愁，工作稳定，终于到了该考虑终身大事的时候了。他自己在这方面不太上心，可身边的兄弟、朋友们都替他着急，到处给他物色合适的对象。

有一天，王利和帅府园交通队的队长老直、牛栏山酒厂的书记，以及供销社办公室主任老仇等几个朋友聚在一起，酒厂书记带来整整十瓶牛栏山产的北京大曲。王利还是头一次喝牛栏山的酒，他觉得来自家乡的酒，格外清香甘甜。

酒过三巡，菜过五味，几个人天南地北地聊天，已经进入微醺的状态了，聊着聊着就说到了王利谈对象的事。他们替王利总结了一下自身的基本条件：身体健康，年富力强，中共党员，工农兵大学生，国家单位员工。按说这些硬件条件在当时可是相当不错的，怎么就是没找着对象呢？

王利苦笑："是呀，我也琢磨，这事怎么就这么难呢？"

老仇和老直同时举起酒杯和王利碰了一下，问："你说，你想找什么样的？"

王利放下酒杯开玩笑地说："这王八瞅绿豆得瞅对眼儿，还得对色儿，就行了。哈哈！"

老仇又问："那比你大三岁的行不行啊？女大三，抱金砖！"

哥儿几个哄堂大笑。

"不行不行！大三岁、两岁都不行。"王利急忙说，看到老仇的脸色由大笑转为微微皱眉，他补充道，"这样吧老仇，你找个比我大一岁的，我都会考虑！"

"好，行！这事就包在我身上了，你就等信儿吧！"老仇爽快地回答道，说完仰头干了杯中的酒。

王利不敢怠慢，也赶紧端起杯，一口气干了那一杯。

第二天王利到河北出差，要半年以后才能回来。王利第二天醒来就把前一天的事忘个一干二净，他不知道的是，在这半年之内，那哥几个可是撒下了"天罗地网"，到处在给他网罗只比他大一岁的对象。

半年之后，王利出差回来，先到单位报到，刚回到宿舍，

为善至乐
——记王利

同屋的小闫见到他就神秘地说:"你可回来了,老仇在找你呢!"

"他找我干吗?"王利早已将当时的酒后交谈抛到了九霄云外。

"说是找对象的事。"小闫捂着嘴巴在王利耳边悄悄说完,然后一脸坏笑地看着他。

王利这才想起来仿佛是有这么回事,他来了精神,抓起小闫的胳膊说:"你赶紧说说!"

小闫说:"你不是说,年龄大你一岁的可以吗?这下好了,人家帮你找着了,正好大你一岁零一天!听说好像是叫——张彦廷!"

"完了完了!"王利心想,懊恼地拍着脑门儿。"当时喝多了,脑子跟不上,嘴还有点飘,我的意思是说要比我大整整一岁,大一岁零一天我都不干!"

说归说,但说出去的话,泼出去的水,人家老仇这么重视自己的终身大事,王利不好推托。见到老仇后,王利得知这次还是女方的父亲亲自托老仇找对象的,老仇当时就想到了王利,尽管不知道女方是谁,王利也答应老仇见见面,其实他心里是有点应付的意思,要谢谢老仇,给介绍人一点面子,同时也给人家女方一个痛快的交代。因为人家姑娘也是牛栏山的人,所以见面地点就定在了顺义牛栏山。

简单收拾一番,王利和老仇匆匆赶去。推门进去一看,却见一老头儿端坐其间,王利心里不由纳闷儿,这相亲的地方怎么有一老头呢?王利疑惑地看着老仇,老仇连忙在王利耳旁悄悄说:"这老头儿是帮他女儿把关的,他是牛栏山一中的副校长。"

王利这才大胆仔细一看,可不是吗?这个副校长他还见过,王利的大哥就是牛栏山一中毕业的,以前还听大哥说起过他。王利赶紧从兜里掏出香烟给校长递上,但不承想人家接都没接,头也不抬站起身就走了。王利更加摸不着头脑了，皱起眉头，疑惑地看着老仇，仿佛在说："你这葫芦里到底卖的什么药？"

待老头儿走出屋子，王利立马指着老仇问："这是相的什么亲？你说说怎么个情况？这到底什么意思？"

老仇赶紧劝说："这也说明不了什么，万一明天人家就成了你的老丈人呢？人家一校长凭什么跟你低三下四的？心里什么话都要给你明面说？"

王利一想好像也在理，"可他总得跟我说句话啊！这亲相的啥情况我都不知道，而且连相亲对象都还没见着！"他心里觉得自己被戏弄了，自尊心掉落了一地。

后来才知道，原来老头儿出去是给他姑娘打电话了，姑娘本身不太想来，老头儿就先来看看王利。姑娘不愿意来也是有原因的。张彦廷在顺义县粮食局当会计，刚从甘肃学习回来，学习期间，同行带队的领导对她产生了感情，正在追求张彦廷。张彦廷对他的态度懵懵懂懂，不知如何处理，也没明确答应。可后来对方家里嫌弃张彦廷是郊区的，将来两地分居是个问题，又自作主张提出分手。张彦廷就来气了："你说行就行？你说不行就不行？自始至终从没问过我的意见，我家是郊区的不假，一开始就告诉你了，你又不是不知道，这不是糊弄人吗？"于是就不再理会这人了。

谁承想这人事后又后悔，非得要来找张彦廷不可，说这次想明白了，认准就是她了。张彦廷心里又想："你想怎样就怎样？那可不行！你现在来找我，我还不答应呢！"

就在张彦廷"端着"的时候，让王利"见缝插针"地赶上了。张彦廷心里其实还挺相中那个小伙子的，本来也只是想端着点给那小子一点颜色看看，也没想着要相亲，结果父亲一着急就安排了这一出。

为善至乐
——记王利

校长电话里对他姑娘说："你过来吧，这后生我已经考察过了，很不错！"

"爸，我有事儿，去不了！"

"你今天必须给我过来！你要是不听话，我就是骑车也要把你拉回来！"

害怕父亲生气，张彦廷只好赶过来了。

此时王利和老仇在屋里正聊着天，校长带着张彦廷推门进来了。

张彦廷穿着一件对襟棉袄，梳着两条乌黑的大辫子，肤如凝脂，一双忽闪忽闪的大眼睛让人顾盼生怜，王利怦然心动，心中大呼："多水灵的姑娘啊！"

张彦廷十分耐看，越看越顺眼。王利有个毛病，见了漂亮姑娘就"话密"，立即摆上了"龙门阵"。"你知道广播事业局吗？知道河北吗？我不光去过云南，还经常跑河北。我的工作都在战略工程上，责任重大，整个中央广播电台系统，从播音、制作，到发射、接收，整个河北都是我们在弄，备战备荒为人民嘛！"

王利一口气说了一长串，中间都没有让张彦廷插嘴的地方。好不容易等到王利点烟的工夫，张彦廷怯生生地问："那，你具体是干什么工作的啊？"

王利一听就更来精神了，又是一通胡侃。

张彦廷和王利性格相反。王利越是一个劲儿地鼓吹自己，张彦廷越是显得特别谦虚，话里话外流露出自己工作没王利体面，长得也一般，有自己的顾虑等。

王利再聪明哪聪明得过老头儿，老头儿赶紧在旁边嘱咐张彦廷："你想问啥就直接问，这家伙能说，小心别让他给你绕里头去了。"

王利听了，心里直乐。只是自始至终两人都没提到结婚这事儿。

事后老仇问王利："感觉怎么样？"

"就这样吧！这事儿算过去了，结婚的事儿一个字没谈，算了。"王利淡然地说，他本来答应见面也是给老仇一个面子。

"别介呀！你听我的，明天你上她家一趟。"老仇一听不对，赶忙说。

"不去！"王利皱起了眉头。

此时老仇却笑起来了，双手搭在王利肩膀上，别有深意地说："你明天必须得去！明天她家里没人，她爸上班，她妈要进城。"

"你怎么知道的？"

老仇嘿嘿一笑，便不再说什么。王利也不好再驳老仇的面子，心想去就去吧，其实他心里挺喜欢这个姑娘的。

第一次见面有些仓促，这一次王利有备而来，精心准备了礼品，一见面他又成了话痨，不知不觉就聊到了中午。眼看到饭点了，张彦廷说："就在我家吃饭吧。昨天我妈刚好炖了一只鸡，我去和面烙饼。"

王利听后美滋滋的，心想："原来如此！是老丈人和丈母娘给我们腾地方啊！"吃着张彦廷烙的饼，喝着"丈母娘"炖的汤，王利心里别提有多美了，他高兴地对张彦廷说："你知道吗？我还是第一次吃除了我妈外别的女人给我做的饭。"

张彦廷害羞地抿嘴一笑。

眼见火候差不多了，王利趁热打铁，带有一点威逼利诱："你说咱俩的事行不行，给个痛快话儿，我是共产党员，谈恋爱要向组织汇报，这是组织纪律，我必须得严格执行！"

王利这么问，人家姑娘能怎么说？只能端起碗来默默喝汤，只是不知是热汤的原因，还是害羞的原因，脸颊上悄然飘起了红霞……

第二天一上班，王利就找到单位有关部门汇报此事，组织

为善至乐
——记王利

问:"对方是什么单位的?"

"顺义县粮食局的。"王利坐得端端正正回答道。

"发函,组织对组织开展政审。"一旁的工作人员立即记下。

对方单位很快回函:女方确系本单位职工,名叫张彦廷,家庭背景、个人表现等均无问题。

于是,组织又指示王利:"可以继续"。

可谁知就在此时,又有人找到王利,说新华社某社长的千金很好,问王利要不要见面?王利当时就回绝道:"你早干吗去了?几天前说还行,但现在不行了。"

"成不成再说,怎么着先见一面啊。"

大丈夫一诺千金,怎么能同时见两个呢?王利说:"组织已经发出指示,让我和张彦廷继续了。"

于是,王利顺利经受住了考验,坚守党性原则,他开始与张彦廷正式谈起了恋爱。王利对张彦廷说:"我这人有三大爱好:抽烟、喝酒、交朋友,现在还欠了300元外债,有意见吗?有意见我立马戒掉,没意见今后可就这样了啊!"

谈恋爱期间,他们两个人一个在北京,一个一会儿在云南、一会儿在河北,很多时候只能通过书信往来交流感情。有些情书,张彦廷至今都保存完好,时不时拿出来翻阅,和王利一起回忆当初甜蜜的场景。看着当年那一笔一画深情的文字,王利时常落泪。

让他们记忆深刻的,是两人在王利出差间隙的第一次单独约会。当时他们约在西直门外大街的北京动物园,在动物园里张彦廷不时逗逗花鸟、喂喂池鱼,看着各种珍禽异兽,兴致盎然。王利一路相伴左右也非常惬意,他心里想,倘若时间能永远停留在这一刻,那该多美好啊!

从动物园出来,王利领着张彦廷直奔对面的烤鸭店,要了半只烤鸭和两道菜，总共8块钱，王利当时心里还心疼了一下。两人边吃边聊，张彦廷突然说："王利，我真的很感动。"

王利有些疑惑，问："我其实没做什么呀，有什么可感动的？"

张彦廷说："这是我第一次下馆子。"

听到这儿，王利顿时觉得刚才的想法很惭愧，"人家第一次下馆子，而我只花了8块钱，竟然还舍不得。"于是王利起身要再加两个菜，却被张彦廷拦住了。

热恋期间张彦廷对王利有多好？她心里还惦记着王利外面的300元外债，自掏腰包帮他偿还。她见王利没有手表，把父亲送给自己的一块"欧米伽"手表转送给了王利。

天冷了，怕王利冻着，张彦廷给王利买了条围脖，看到他戴上后又为难了，"光有围脖也不像话啊，看起来别扭，还得有件毛衣来搭配。"张彦廷干脆利落，说干就干，专门买了几团灰色毛线和织法用书，照着书上的步骤，花了两个星期，一针一线为王利织出了一件新毛衣。

看着王利穿上自己亲手织的毛衣，张彦廷心里十分满意，此时王利突然一本正经地对张彦廷说："谢谢你，我活了20多年，头一回穿带毛的衣服！"张彦廷听后哈哈大笑……

两人情已至深，该谈婚论嫁了。父亲和大爷把王利的喜事作为家里的头等大事进行筹备。科长得知后也承诺王利："你踏踏实实工作，结婚房子的问题我们给你解决。"但王利出差回来之后，答应给王利的房子被别人占了。当时结婚的日子已经定好，而且也通知了所有的亲朋好友，结婚礼物也发了一大堆，结果在这节骨眼上婚房落空了，打了王利个措手不及，顿时他急得满嘴冒泡。

就在王利急得如热锅上的蚂蚁的时候，同屋舍友小杨雪中送炭。

小杨全名杨德生，是中央电视台新闻部的记者，他对王利说："你先别着急，兴许我能帮上你。我回家跟岳父商量商量，民族饭店西边那个大杂院里头，当时不是闹地震吗，我家里盖了一个地震棚正空着，看能不能把那个房子给你腾出来。"

王利拉着小杨的手，感激地说："别说地震棚了，就是一个普通帐篷也得住啊！"

地震棚虽然矮小，王利伸手就能够着屋顶，但这也算是救了王利的命。王利心想："虽然是个地震棚，但这婚事也必须办得风风光光，婚后住进来也不能委屈了张彦廷，这样才能对得起人家呀！"于是他把房顶糊上报纸，给屋里添置了一张床、一个炉子，做了一对沙发。王利的父亲卖了两头猪换了400块钱，王利花了110块钱买了个大衣柜，这样家具就算齐整了。

婚房虽然简陋，但好歹有了落脚的地方，好在老丈人一家和张彦廷都很大度，并没有太在意。但王利不敢再有所怠慢，结婚当天，专门托人找了辆上海轿车接亲，花30元钱在王府井全聚德烤鸭店摆了一桌酒席，婚事办得也算简单而隆重、热闹而风光。

这一年，是1978年，这对有情人修得正果，终成眷属。正可谓：七月七日长生殿，夜半无人私语时。在天愿作比翼鸟，在地愿为连理枝。

第二节　得子还是费功夫

半年后，单位终于给王利分了一间木板房。虽然只有12平方米，但王利已经很知足了，至少不像地震棚那么矮了。木板房基本上都是王利一人在住，张彦廷在顺义粮食局上班，婚后两个人处于两地分居状态。王利时不时地回顺义看看妻子，妻子也会抽时间来帮助王利收拾屋子。不久张彦廷怀孕了，也就是他们唯一的儿子——小宇。

但小宇来得并不容易，可谓是"九死一生"。每每回想起当时的场景，王利都是一身冷汗，常常说："这孩子命大！"

那时，张彦廷临近生产，王利安排她住在顺义一家医院。王利想这家医院的医生经验丰富，离家也近，如有突发情况也能及时处理。

突然有一天，张彦廷肚子疼得特别厉害。虽然平时也疼，但绝不是这种疼法。为人母在生产前的感觉超乎寻常的准确，这似乎是上天赐给人类母亲保护胎儿的一种天赋。虽然疼在腹部，但张彦廷清楚地感觉到，这种痛来得很突然，而且强度很大，难以忍受，明显不是临产前的宫缩痛。她赶紧对王利说："这种疼感觉不大对劲。"

王利当时也看出问题了，赶紧叫来了臧医生。等臧医生赶到后，立刻让王利带着张彦廷去做检查，结果发现竟然是长了一颗囊肿。

臧医生向夫妻俩解释道："应该是孩子淘气了，在妈妈肚子里踹了两脚，把肠子给踹拧了。"

这个结论令夫妻俩哭笑不得，但王利觉得应该没这么简单。将张彦廷送回病房后，王利又转回到医生办公室问："大夫，您还有什么吩咐吗？"

臧医生看着王利说："小伙子，你果然来了。"

王利本来就不放心，听医生这么一说，心里更发毛了，他大气都不敢出，竖起耳朵认真听臧医生接下来的话，生怕漏掉一个字。臧医生轻声细语、耐心细致地给王利解释："从检查结

为善至乐

——记王利

果看，腹部有一颗囊肿，本来影响应该不大，可以等胎儿出生后再进一步检查处理。可是现在囊肿部位引起产妇剧烈腹痛，可能会提前引起宫缩，如果疼痛持续这么剧烈，可能会造成胎儿流产。如果囊肿接下来不再持续性地剧烈疼痛，或者得到极大缓解，就可以密切观察。可如果疼痛仍然很剧烈而且没有缓和迹象，最好还是做手术。做手术的话，建议立即转院，毕竟城里的医疗设备比我们更先进，手术的把握性更大。"

听到这里，王利心脏扑通扑通地直跳，虽然是冬天，他止不住地直冒冷汗，但此刻不允许他惊慌失措、自乱阵脚，王利想了一下，说："不行啊。北京的大医院设备是好，从这儿到北京起码得一个多小时，如果继续这样疼下去，我怕彦廷受不了。"

臧医生果断给了王利建议，她说："那这样，我们再观察一下，如果到了下午还是这么疼，那么在这里就地手术。但是我要明确告知你的是，是手术肯定会有风险，不管对大人还是胎儿都是如此。手术之前要打麻药，然后将胎儿取出来，放到保温箱内，才能实施手术。现在孕期7个多月，胎儿是否已经长好了都很难说。在这期间，大人、胎儿都处于昏迷状态，能不能撑到最后，全凭天意。"

王利顿时如同五雷轰顶，头脑一下子炸了，他觉得自己瞬间被转移到了一个空空荡荡的异世界空间，分不清明暗、看不清物体，甚至连自己的身子都像是在半空中悬浮着。

他两腿发软，手脚冰凉，目光都呆滞了，整个身体再也支撑不住，一屁股瘫坐在了椅子上。

不知过了多久，王利失魂落魄地走出医生办公室。臧医生并没有阻拦，也没有催促。她知道此刻王利的内心，一定在做激烈的斗争。从医生的角度来讲，救死扶伤、救人一命是她的天职，她也想尽全力让小宝宝健健康康生下来。但医生的职业素养又告诉她，这个手术的风险很大，作为医生，必须把所有可能的情况和后果都毫无保留地告知家属。作为妇产科医生，她最不愿意看到的就是眼前的景象。她知道，此刻不再打扰就是对患者家属默默的支持。

丢了魂似的王利习惯性地掏出一根烟，刚要点上，旁边护士立即提醒他："同志，医院里不能抽烟！"善良的臧医生抬起手打断了护士，示意她不要再说。王利只好紧紧闭了几下眼睛，朝四周望了望，想努力找回自己的空间感和判断力。他转了几圈身子，才努力将自己拉回了眼前的现实世界，但脚底下仍然像踩在泥潭里一样，使不上劲儿，只能慢慢深一脚、浅一脚地往医院的后门走去。

走出后门，北京冬天凛冽的寒风吹得他猛地打了几个哆嗦，一下子让他清醒过来，他这才发现，自己的内衣全都湿透了。他抱了抱身子，点了一根烟，下意识地继续往后院深处走。走出三五步远，他觉得越发地寒冷了，冷不丁地打了好几个喷嚏，这时他猛然想到，自己从病房出来已经不知道多久了，看不到自己，张彦廷肯定心乱如麻。想到这里，他赶紧转回去，加紧脚步回到病房。一路上，他不断调整自己的心态，告诉自己在张彦廷面前一定要镇定，仿佛这一切都没发生。不，不是仿佛没发生，而是根本就没有这回事，他首先要说服自己，才能做出相应的行动，否则心思缜密的妻子一定会看出自己的行为不同以往，如果引起她的怀疑那就不好了。

快到病房时，他重重地往自己胸口捶了两拳，又使劲搓了搓双脸，帮助自己找回往日的状态。到门口时，王利先是从门上的玻璃窗往里张望，看到妻子静静地躺在床上，似乎没有什么异样，这才深呼了一口气，王利轻轻地拧开门把手，蹑手蹑脚地关好门，慢慢地挪到床边。看到妻子此时已经睡着了，也

为 善 至 乐
——记王利

许刚才的疼痛耗费她太多的力气，王利想就让她安安静静地睡会儿吧。

他小心翼翼地搬过床边的椅子，看着妻子稍显苍白的脸，他回想起往日妻子洁白的面颊和明亮的双眸，以及欢快的笑容，王利想，如果能一直沉浸在这样美好的笑容里，自己该多么幸福啊！王利又想自己婚后大部分时间都在出差，回来就有应酬，单独陪伴她的时候太少太少，想到这里，他默默流下了热泪……

这时，妻子的眉头悄然一动，睫毛微微颤动，王利有些欣喜，难道妻子感受到了我此刻的心声？他赶紧抬起袖口抹干眼泪，可紧接着，妻子的眉头越皱越紧，王利内心一惊，难道还是很疼？妻子轻声呻吟了出来，他赶紧握住妻子的手，彦廷握着他的手越来越紧，甚至都勒出了青痕，呻吟声也越来越大，王利赶紧大声呼喊着"臧大夫——"

臧医生带着护士快速跑来，摸了摸彦廷的脉搏，又看了一眼王利，转身对护士说："快做好手术准备！"

两个护士迅速开始移动病床，王利起身跟着，紧紧抓住妻子的手，在妻子耳边说："彦廷，挺住，没问题的，很快就会好，很快就会好！"

妻子微微张开眼睛，转过头对王利说："我刚才梦到了蝴蝶，两只蝴蝶，好像是在熟悉的山坡上飞……"王利听到后，眼泪夺眶而出，"那就是我和你，那蝴蝶就是我们两个！"

王利一步不离地紧握着张彦廷的手，快到手术室门口时，妻子小声说："我好像不太疼了……"

医生和护士并没有听到这个声音，可王利听得真切，王利大喊："大夫，她说不疼了，她说她不疼了！"

推着张彦廷的病床戛然停下来，臧医生看了看王利，伏在张彦廷耳边轻声问："你觉得怎么样了？是不疼了吗？你好好感受一下。如果不疼了，咱就不做了，随时疼，再随时做。"

张彦廷轻声说："真的不疼了。"

于是，张彦廷神奇地从手术室门口又被送回病房。

半个多月后，张彦廷顺利产下了小宇。小宇呱呱坠地的那一刻，哭声嘹亮，十分健康！医生剪断宝宝的脐带，用襁褓包裹好后把小宇交到他们夫妻怀里的时候，两个人喜极而泣……

臧医生看着他们一家三口，感慨地微笑着，医生也为这样的感情感动着。

但医生的工作还没有结束，孩子生下来后，需要对母体的囊肿进行检查，这次的结果令所有人都长吁了一口气，因为囊肿已经开始萎缩，没有大碍，后期随访复查即可。

王利非常感谢臧医生，视她为全家的救命恩人。可因为孩子刚出生，需要照顾，那时王利频繁出差，等他抽出时间来到医院，臧医生已经调走了，这让王利万分愧疚。功夫不负有心人，王利通过院长找到了臧医生的家庭住址，他买了一大车鲜花，带上妻子和孩子赶赴臧医生家中，当面拜谢这位救命恩人。

臧医生对他们一家也是念念不忘，她说当了一辈子医生，这样的情况还是极少看到的。面对他们的感谢，她微笑着摸了摸小宇的头，真诚地说："我只是做了我作为一个医生应该做的。其实，你们，才是自己真正的救命恩人。"

有情人，天不负。内心充满爱的人，老天爷也是爱他的。

第三节　无心插柳柳成荫

小宇生下来后，一家人短暂地团聚在一起，虽然那时收入

为善至乐
——记王利

很少，但日子过得满足而温馨。张彦廷产假休满之后，一家人又开始了分居的生活，张彦廷回到顺义上班，王利又开启了出差模式。

天下没有不吵架的两口子。两个人刚开始过日子的那几年，谁都想改变谁。但实际上这是不可能的，你就是你，我就是我，不管一方多么强势，另一方与生俱来的脾气和秉性都很难改变。从婚前热恋，到新婚宴尔，王利和张彦廷两人都沉浸在甜如蜜的爱情里，你侬我侬。历经一劫生下小宇后，两人心心相印，惺惺相惜，共同呵护这来之不易的小宝宝，虽然比过去辛苦了一些，但日子依然过得有滋有味。一切转变，都是在两地分居之后开始的。

两地分居，既考验感情，又浪费钱财。最重要的是很多时候想找彼此说句知心话都办不到，在最需要对方的时候心上人不能陪在身边，再加上带孩子的辛苦和生活琐事逐渐多了起来，久而久之两人都难免心生怨言。

这其中最大的导火索，还是因为王利为人豪爽、热情好客，他与兄弟们聚会，没日没夜。如果是在家里聚会，往往是张彦廷在厨房里忙活大半天，做了一大桌子饭菜，可等到她上桌的时候，早就被席卷一空，只剩下残羹冷炙。张彦廷识大体、顾大局，一次两次没有什么，可长期如此，她一肚子的苦水、委屈往哪儿倒？当朋友都走了之后，只得向自己老公王利身上开炮。本来好不容易回来相聚，应该好好享受一下家庭的温馨，结果每次都是满心期待而来，生了一肚子闷气而走。自己辛辛苦苦做了大桌子菜没吃上不说，等朋友离开之后，还要独自一人收拾一桌子的锅碗瓢盆，张彦廷心里别提有多窝火了。

可每每此时，基本都是王利喝得多了的时候。跟喝醉酒的人，是没有办法讲道理的。经历了无数次的口水战和眼泪的洗礼后，王利夫妇达成共识：要想过好日子，必须尽快结束两地分居的局面。

后来张彦廷调到西城区副食管理处的直属店工作，一家国营的综合百货商场，当年百货商场里面根据商品的不同种类，还细分了百货组、副食组、水果组、肉组、粮油组等。

当时正值夏季，水果组缺人，初来乍到的张彦廷就被分到了水果组。最当季的水果西瓜，一车一车地被拉到了百货商场门口，张彦廷就得跟着一块儿卸车，张彦廷本来干的是脑力活、精细活，或者说技术活，结果到这来干成了体力活，累得她蹲在地上痛哭。

回到家后，张彦廷抹着眼泪埋怨王利："你知道自打我出生，到来北京以前，我都没干过什么体力活，现在倒好，成了卸车的了。我还得骑着三轮车到马路上去摆摊卖水果，又累又寒碜不说，干一整天到晚上9点，人家都下班了，我们还得开内部工作会议……"

王利听后，心里很不是滋味儿。看到妻子辛苦了一天，晒成了苦瓜脸，又口干舌燥的，这会在自己面前哭成了泪人儿，心里生生地疼啊！

一次，张彦廷的单位举办业务比赛，张彦廷对珠算很有自信，出身会计岗位的她，那可是一把"铁算盘"，当年在顺义粮食系统可是打遍天下无敌手，于是果断报了名。比赛之后，张彦廷不负众望，稳稳地拿到了第一名，还发了张奖状，至今她还保留着。领导这才恍然大悟，张彦廷原来是个人才啊，在水果组太埋没她了，于是就把她调到了百货组。

百货组每天一早一晚都要盘点，缺货了当晚还要补货，工作量巨大不说，刚巧又让她赶上了年底，布票每年在这个时候马上就要作废，老百姓每年也是这个时候疯狂涌入百货商店，把布票全部换回去做新衣裳。那会儿也没有什么计算器，全靠张彦廷这把"铁算盘"一个一个算，差点没把她累晕过去。

不过让张彦廷感到欣慰的是，甭管她在哪里上班，王利跟单位的人比自己处的关系还要好，这令她非常佩服。殊不知，这是王利为了照顾妻子，背着她有意而为之，生怕她再受了委屈。

后来在朋友的帮助下张彦廷调到中国唱片社工作，王利两口子的生活终于步入正轨。

细细想来，很多事情都是王利自助的结果。自助者，天助之。王利的诚信，王利的仁义，王利的智慧，碰上机遇和平台，自然而然地会走向成功。

第四节　相濡以沫的"贤内助"

王利对妻子的感情很深，他这样描述两人走过的风风雨雨，说："'我爱你'三个字，说出来只需一秒钟，解释需要一小时，证明却需要一辈子。"这是王利对妻子张彦廷的庄严承诺。

俗话说，一个成功的男人，背后一定有一个默默支持他的女人。但张彦廷对王利不仅仅是在身后默默地支持，她也可以走上前台为丈夫的事业相助，可以说，王利的事业能够如此成功，张彦廷功不可没。所以，在这个成功的男人背后，一直有一个相濡以沫的"贤内助"——张彦廷。

在两人刚刚步入婚后生活的那段时间，王利仅有一点死工资，并且没有住处，还欠着外债，在这样一种困苦的条件下，张彦廷没有一丝埋怨，操持着整个家。油盐酱醋，柴米油茶，锅碗瓢盆，一分钱恨不得掰开了揉碎了花。因为她知道吃不穷、喝不穷，算计不到就是穷。调到唱片公司后，两个人虽然不再分居，但是张彦廷的付出更多了，她要做饭、接送孩子、洗衣服、收拾屋子……伺候完老的，再伺候小的，她无微不至地照顾着家人。更让王利欣喜的是，张彦廷与他的父母以及兄弟姐妹都相处得十分融洽，从结婚到现在，她没有跟家里的任何人红过一次脸。孝敬父母，友爱亲朋，做事井井有条，不偏不倚，任谁都会对张彦廷竖大拇指。

张彦廷在王利事业上也助力很多，她是当之无愧的贤内助。

王利创办广告公司初期，张彦廷毅然决然地站了出来，她选择离开唱片公司，帮助王利打理公司的事务。事实证明，张彦廷做事条理清晰、谨慎周密，夫唱妇随，她把王利正直诚恳、诚信守诺的精神落实在每一笔广告业务上，张彦廷的细致严谨为公司打下了坚实的基础。

1999年央视举办第九届青年歌手大奖赛时，王利和张彦廷的广告公司积极搭建平台，帮助"步步高"公司以600万元的优惠价格，买断了这个节目的黄金时段。为了提升广告的受众率，他们给栏目组提建议，在区赛、省市赛、预赛、决赛时分别加播广告，在晚间新闻也要有点播。这样执行之后，广告效果出奇的好，他们也开创了节目组点播广告的新模式。到了第二年，相同时段的广告费就涨到了3500万元，而到了第三年，连7000万元都买不下相同的黄金时段了。那一届的青歌赛还捧出了两个明星，电视台和客户取得了双赢的局面。而他们，一分钱都没找"步步高"多要，还帮企业省了300万元，凭着"吃亏是福"的理念，在整个行业和段永平心中树起了良好的信誉和口碑。

后来，王利离开电视台，正式创立自己的广告公司，张彦廷将大权移交，开始担任公司的财务总监。在这期间，段永平安排"步步高"公司的总会计师，带队核查1995—2005年这十年"步步高"的往来账目。在广告行业，企业通过广告公司与电视台合作播出广告，是需要企业提前支付定金的，一般头一年10月交定金，第二年12月以前才付款，在此期间，如果多播一次就要多付一次钱；如出现漏播或停播，是需要将这笔款退给企业的；如果电视台进行补播，又关系到时间段的因素，不同时间段的价格也是不一样的，这就需要双方再次商议。如果广告公司没有做过详细的记录，账肯定对不清楚，那今后与段永平的广告合作肯定就不可能再继续下去了。

大事难事看担当，危难时刻显本色。在这个紧要关头，此前一直在王利身后默默无闻辛苦付出的张彦廷，自告奋勇站到前台，义无反顾扛起了这个浩繁而艰巨的任务。张彦廷找来几个财务方面的专业人士，组成3个专班，从头开始逐条梳理这10年间所有在电视台播出的关于"步步高"的广告，挨个统计每条广告的播出频道、时长、时间段、重复次数等，这是巨大的工作量。因为每年的广告费不一样，每个电视台、每个频道、每个时间段的广告费都不一样，又是长达10年的大跨度，工作量浩大且烦琐，没有清晰的思路，没有细致入微的谨慎，稍不留意就会犯错。

这期间，张彦廷尽显巾帼英雄本色，她每天6点起床，对账一直对到晚上12点，带领班组连续奋战10多天，逐条核对把关，逐条记账算账，靠自己的专业能力和尽责的态度，硬生生把海量的数据算得清清楚楚。眼睛看花了，用凉水洗一洗，揉一揉眼睛继续接着干。常常一坐就是一整天，有时一天甚至奋战18个小时。有时一天都顾不上吃饭。为了减少去厕所的次数，把时间挤出来对账，有一次从早到晚竟然滴水未进。有时候坐的时间太长，加上没怎么吃东西，一站起来就头昏眼花，好几次差点昏倒。这一切，王利看在眼里，疼在心里，他又帮不上什么忙，也不敢进去打扰，只能一个人在门口默默流泪……

张彦廷主动请缨，吃苦受累连续奋战，深深地打动了王利，让王利对妻子更加敬佩，更加疼爱。管他对账的结果怎么样，王利觉得有这样的妻子陪在自己身边，一切都值了，一切都不重要了。王利真切地感受到，娶了张彦廷，自己是多么幸福，又是多么幸运。

经过连续十多天的奋战，张彦廷终于赶在交账的日子前把所有账目对出来了。负责核查的会计师与张彦廷对账，一连对了整整20天，所有的项目，每一个数字都不放过。回忆起这件事时，张彦廷说，虽然当时很有信心，非常有把握能够查清楚，但真到了查账的时候，心里也直打突突，每一天都打起12分精神，有问必答，从不迟疑犹豫，每一个数字都能说得清清楚楚。最后，核查得出的结论是：王利的广告公司与"步步高"公司的所有款项、来龙去脉、历史账目一清二楚，且所有账目金额分毫不差！

经此一役，段永平也高看王利，从此"步步高"与王利的合作更加紧密。而在王利心目中，妻子张彦廷不再只是一个站在自己身后默默相助的女人，而是一个能够帮助自己渡过难关，帮助自己事业取得成功的战友！

有能力的人都有个性，也都有脾气，这样的两个人组成家庭，在漫漫岁月中，难免会发生一些摩擦和磕磕绊绊。

其实，吵吵闹闹才是夫妻，热热闹闹才是生活。虽然平时也会吵架，但王利和张彦廷两口子都知道，他们彼此一路走来，很不容易。只要感情在，这些小打小闹都会成为生活的调味剂。

曾几何时，王利常常想不明白，外界都觉得王利很牛，张彦廷却总是和自己反着来，让自己不痛快。其实在张彦廷看来，外边的人越是捧着王利，自己身为妻子就越是不能捧。她常对王利说："越是在你面前唱赞歌的人，越应该对他提防一点；越是老给你提建设性意见，甚至不同意见的人，反而越要多听听。"这也是张彦廷的过人之处，她头脑清醒，特别是在王利有些得意的时候，会顶着他、拉着他、提醒他，生怕他得意到天上去。

王利对待事业虽然努力认真，但是总凭一腔热血和豪爽豁达做事，有时不考虑后果，因此也很容易被骗。张彦廷认为有自己把关，能够帮助王利更加成功。在这一点上，王利深以为然，他说，如果不是张彦廷时常提醒着，他可能真飘到天上去了；如果不是她在里里外外管着账，像他这么挥霍，早晚得把家底败光。

年轻的时候，他们的生活比较紧巴。有一次，王利投资失败，欠了很多外债，而就在王利有些心灰意懒的时候，张彦廷再次鼓励王利："我们勒紧裤腰带，哪怕卖了电视，卖了所有，也要把这个钱还上！"在她坚定而温暖的支持下，两个人齐心协力想办法，共克时艰，终于顺利地渡过难关，一步一步走向现在的成功。

王利也对张彦廷庄严而动情地承诺："不管今后发生什么，今生今世，我绝不会抛弃你！"

王利用他的实际行动，信守着他对爱情和婚姻的承诺。

第五节　平淡中的浪漫

王利是一个很务实的人，有一说一，有二说二，一根肠子通到底，他认为两口子过日子，没有必要整那些虚头巴脑的东西，但这一点在生活中有时候就显得无趣。但就是这样一个"无趣"的人，如果突然做一件与以往截然不同的事，会收到不同寻常的效果。

张彦廷清楚地记得，那天是她的生日，往常这一天也没有专门庆祝过，她早就习以为常了。但那天她来到办公室，意外地收到一个快递，"我没买什么东西呀？怎么会有快递呢？不会是快递小哥看错了吧！"她很狐疑，仔细看了一下收货单，上面真是自己的名字和手机号码。她又看了一眼发件人，并不认识。"咦？到底是什么呢？是谁寄过来的？"她带着疑问边拆边想。

她拆开外包装，是一个精美的盒子。她小心翼翼地打开盒子，映入眼帘的是一束漂亮的鲜花，沁人心脾的花香扑面而来，她发现花朵之间夹着一张精巧的卡片。翻开卡片，上面写着："老婆，祝你生日快乐！"落款是：你的傻爷们 王利。

看着卡片上简单且粗犷的语句，张彦廷哭得稀里哗啦，她边哭边笑，心里还不断嗔怪王利："结婚这么长时间了，也没见他干过什么浪漫的事，今天不知道是哪根筋不对了，冷不丁来这么一下，还真有点儿扛不住。"

张彦廷觉得王利对她一直都很好。她喜欢逛街，以前家里困难，没有条件，等条件好了以后，王利时常陪着她到各大商场逛。但即使条件再好，张彦廷也始终保持俭朴、克己的秉性，买衣服，穿着舒适、样子好看就行；买车，有四个轱辘能开、能遮风挡雨就行；买表，时针、分针、秒针都能走，时间准确就行。她只买最实用的，不买最好最贵的。而王利，每次都尽可能地给她买最好的，这让张彦廷非常感动。

她印象很深刻的一件事，是 2007 年的一天，王利对张彦廷说："你那辆车开了都有十年了，也该换一换了，我给你换辆车吧！"

　　张彦廷本能地回绝道："你干吗？不要！我这辆车挺好的，特别好，我开着很顺手，很满足了。"那是 1997 年买的一辆思域，买时还是身份的象征，可十年之后就显得很一般了。但在张彦廷看来，车子就是交通工具，有四个轱辘能开就行，自己也不是好虚荣爱面子的人，没有必要换很好的车，何况这车保养得也很好，完全没有必要换。

　　可王利极力劝说张彦廷："趁着年轻还能跑得动，该享受就得享受！"然后不由分说把张彦廷拉到 4S 店，痛痛快快地交钱提车，让她开回去。张彦廷看得直瞪眼，但也拿王利没辙，这车都已经买下来了，那就只有开。开始开这个车还挺不习惯，因为她早已习惯了原来那个思域，马力不大，超车不成就慢悠悠地开，而这个车油门轻轻一踩，"咻"的一下子就飙上去了，超起车来非常轻松。但她也不是喜欢开快车的人，只是马力大了有时也让人心情舒爽。

　　王利问她："这个怎么样？"

　　"行。"

　　就这一个字，王利顿时就满足了，成功给张彦廷买了个她满意的礼物。而张彦廷很感动，把这件事一直记在心里。

　　他们的日子好像永远都在吵吵闹闹的甜蜜中度过，你说一句，我怼一句，互不相让，完全不像过了几十年，生活已经疲态的老夫老妻，倒像恋爱中的年轻人，联系越来越紧，两人终究谁也离不开谁。

　　2020 年王利没有像往年那样进入夏季就回北京避暑，一直住在海南。也许是一直坚持工作的张彦廷不适应太悠闲的日子，突然右肋下方感到疼痛难忍，住进了三亚市的 301 医院。疫情期间医院不准家人陪护，王利办好各种住院手续，望着被病痛折磨的妻子，不忍离去……他懊悔自己前一天竟然因为随手乱丢手机这种破事儿还和她拌嘴，故意说狠话来气她。这要是得了什么重病，肠子可都要悔青了。他一下子感到，这个和他吵吵闹闹过了一辈子的女人，如果真有个三长两短，他承受不住。回到家里，身边没有了妻子的絮叨，王利觉得心里空荡荡的。他牵肠挂肚天天打电话，电话的那一端传来了妻子溜脆的京腔："检查结果没啥大事儿！"他这才得以放心地睡了个安稳觉。

7月16日，妻子张彦廷七十大寿。7月18日，王利六十九大寿。这一次，王利并没有像往日那样呼朋唤友，他从医院接回妻子，说："今年别大操大办了，疫情期间不宜聚会。正好孩子也不在身边，我们俩就自己过吧。"

两个人怎么过？张彦廷几乎想象不出他们两个人的世界会是怎样的。几十年来，王利家的饭桌从来不会寂寞，往往一顿饭从开始的一两个朋友，吃到后来能达到十几个人。没有朋友和家人在身边，他们似乎都不会独处了。

她从没奢望过只有他们两人的世界，她仔细想想，好像上一次王利单独请她吃饭，还是他俩谈恋爱时吃的那顿烤鸭。

2020年7月16日这一天，张彦廷精心打扮了一番，有些忐忑，有些局促问王利："我们去哪儿啊？"

"亚特兰蒂斯酒店！"王利有些得意地告诉她。

"亚特兰蒂斯？那可是七星级酒店！"张彦廷常听人说起三亚亚特兰蒂斯酒店，但是从没去过。

"这是我送给你的生日礼物。"王利说这话的时候并没有直接看着她，但她已经感受到了王利从心里散发出的温暖。"喜欢吗？"王利用少有的温柔语气问。

张彦廷没有说话，只是一个劲儿地点头。

王利立刻给他的助理阿雷打电话："阿雷，帮我订三天亚特

为善至乐
——记王利

兰蒂斯酒店！"

　　三亚亚特兰蒂斯酒店坐落于国家海岸海棠湾，占地面积54万平方米。这个酒店是由八十余家国际著名建筑和设计机构联手设计打造的，融汇了东西方特色文化以及海南岛本土的文化，是集度假酒店、娱乐、餐饮、购物、演艺、物业、国际会展及特色海洋文化体验八大业态于一体的旅游综合体。酒店内有餐厅，有购物广场，有海洋馆，有水世界，还有海底套房；有私人沙滩，可以体验沙滩越野；可以坐直升机鸟瞰海景，还可以包帆船、游艇出海钓鱼……是一体式的旅游综合体。

　　酒店一共有1314间全景海景房，海洋文化是这个酒店的一大特色。注有1万多吨天然海水的大使环礁湖，拥有超过280种海洋动物。在"失落的空间"水族馆，游客可以观赏到鲨鱼、鳐鱼、水母、倒吊鱼、海鳝和巨骨舌鱼等多种深海动物，也可以在潜水项目中与这些海洋生物共舞。酒店还打造了占地20万平方米的水世界，是全年开放的水上乐园。此外，酒店还有21家寰球美食餐厅，涵盖了欧陆自助、中式自助、日式料理等国际美食，游客不出酒店就可以享受到世界各地的美食文化。

　　张彦廷跟着王利，像当年跟随着他逛北京动物园一样幸福、紧张、新奇……他们两个人尽情享受着二人独处的快乐……

　　三天时间很快就过去了，张彦廷第一次没有因为奢侈的消费而心疼。在酒店最后一晚，他们站在房间外宽敞的阳台上，一边吹着海风，一边欣赏着星空下深蓝的海景夜色。房间面的桌子上，服务员刚刚换上了两枝新鲜的蓝色玫瑰，花瓣上还在滴着水珠，散发着如丝如缕的幽香。张彦廷感到意犹未尽，悄悄和王利说："这钱花得值，我都没待够！明年我们还来！"

　　王利听后心里直偷笑，他说："好，一言为定！"

　　这时，他想起那句歌词："我能想到最浪漫的事，就是和你一起慢慢变老。老得哪儿也都去不了，还依然把我当成手心里的宝……"

　　时间从来不语，却给出所有答案。

第九章　父母是孩子的镜子

王利说：父母其实就是孩子的镜子，只有父母学会发自内心尊重孩子，孩子才会变成父母所期待的样子。

第一节　"不以恶小而为之"

古语有云："道德传家，十代以上，耕读传家次之，诗书传家又次之，富贵传家，不过三代。"

保持良好的品德，才是一个家庭兴旺得以延续的根本。

王阳明曾直言上书，得罪了宦官刘瑾，遭廷杖，被贬官，甚至在被贬途中又差点被刘瑾派的杀手暗杀，历经坎坷终于抵达贵州龙场。本以为风雨之后会见彩虹，谁知迎来的又是折磨。王阳明被当地的乡民攻击，认为他们一行是入侵者，扰乱了原本的清静，因此刚开始特别不被乡民待见。

经历这些之后，王阳明虽然看透了人心险恶，但他依然选择相信世人是善良的。他选择以德报怨，不仅不跟乡民们计较，还教他们读书、耕种，使乡民的生活越过越好，很快他就得到了乡民的拥戴。

王阳明在写给孩子的书信中说："凡做人，在心地。"

人好比树上的果子，良心则是蒂，若蒂坏了，那么果子自然而然也会腐败掉落。选择做一个有品德的人，做一个善良的人，是王阳明的为人处世原则和教子理念。

王利的父亲和大爷也用言传身教影响着王利，他们教育王利要恪守原则，宁可自己多吃点亏，也不能给别人添麻烦。

王利深知，"玉不琢不成器，人不学不知义"，再好的名校，也抵不过父母的言传身教，父母的一言一行都将决定孩子的品格。王利十分重视孩子的教育，一些日常生活的小事他都很上心。

小宇是王利和张彦廷唯一的孩子。小宇小时候，因为父母两地分居，王利也经常出差，所以大多数时间小宇待在顺义姥爷家，由母亲和姥姥照看。

儿时在牛栏山的经历，是小宇一辈子最珍贵的记忆。那时候，和其他小朋友一样，每逢寒暑假，小宇都不想写作业，而是想痛痛快快地出去玩耍。小宇似乎"完美"地继承了王利小时候的顽劣，经常跟着二大爷家的两个哥哥一起玩耍，到地里挖白薯，到田里扒西瓜，到树林里逮麻雀，到河里摸鱼虾……牛栏山带给小宇儿时的欢乐，是无法用语言来表达的。每当回忆起牛栏山时，小宇都会开心地说："牛栏山就是我童年时的乐园，在那里我能尽情撒欢儿。"

那段时间虽然快乐，但是小宇与王利相处的时间很少，对王利的记忆也很模糊。后来，王利从木板房搬到了单位的砖房，就把小宇从牛栏山接回来住在一起，小宇关于王利的记忆才逐渐多了起来。那时候的砖房，是一套房子住三户人，虽然比木板房要好一点，但条件也十分有限。小宇清楚地记得，家里的墙上有一条很大的缝隙，通过裂缝能清清楚楚地看到隔壁家的

为善至乐

一切。每天放学回家后，小宇做的第一件事就是通过那条裂缝，与对面的小伙伴玩枪战游戏。

虽然是危房，但有个地方住已经很不错了，王利也很满足。家人朋友来看过的，都劝王利找领导说说情况，换个安全点的房子，因为这是他应有的权益。但王利不愿轻易给别人添麻烦，所以一直是嘴上答应着找领导，实际上并没有行动。只是，他也一直悬着一颗心，生怕哪天这房子突然塌了，把他们一家三口埋在里面。

记得一次天气预报说当天晚上会有大暴雨，王利听到这则消息，心想坏了，遇到暴雨房子塌了怎么办？王利这才火急火燎地找到单位领导和房管处的负责人，把两位领导带到家里来，让他们亲眼看看，王利说："这么长时间以来，我都住在这种房子里。我没找你们领导说过什么，要不是今天晚上要下暴雨，我还不会找你们。因为这关系着我和家人的安危啊。你们看这墙，我都能把它推倒，你们信不信？"说着就开始用手推墙。

房管处的领导吓得赶紧拦住了他，说："王利，今天情况特殊，这房子肯定不能住了，我先给你们全家安排住进招待所，如果招待所没有房间，你们全家都住到我家去！房子的事情我肯定要给你们全家一个交代！"

如果只是王利自己的事，王利从来不会去麻烦别人或者领导，但是如果涉及家人，特别是孩子，王利就会拼了命维护。王利可能很傻，也很能吃亏，但他是有底线的，他绝不能让自己的家人受到一丝一毫的伤害。

后来王利一家被安排到了军事博物馆附近的一处平房，这下转"危"为安了，王利一颗悬着的心总算是真正放下来了。

搬到平房后最高兴的就数小宇了，因为大杂院里的小伙伴多，小宇可以尽情地疯跑。

　　小宇记得自从父亲调到《电视周报》后，家里的生活就慢慢变好了，令他印象最深的就是父亲的那辆铃木摩托车。打小就喜欢车的小宇对它爱不释手，每当父亲下班回家，将摩托车停到门口时，小宇都会第一时间跑到摩托车前面仔细打量抚摸，有时候还会坐上去骑一下，嘴里不时地念叨着"呜……呜……"，仿佛切身感受到了风驰电掣。

　　这天，小宇又像往常一样美美地骑着父亲的摩托车，一不留神，"砰"的一声，连人带车翻倒在地。父母赶忙跑出来看究竟发生了什么，只见小宇和摩托车双双翻倒在地，手疾眼快的小宇在摩托车倒下的瞬间跳了下来，虽然人也被带倒了，但没大碍。看着不知天高地厚的小宇，王利气不打一处来，如果哪天再发生这种事情，还会不会这么幸运呢？倘若真的被两百多斤的摩托车砸到，那后果不堪设想啊。

　　为了让小宇长记性，王利抄起家伙把小宇一顿臭揍，揍得小宇以后再也不敢一个人乱爬摩托车了。

　　王利和张彦廷知道小宇淘气，为了让他不捅娄子，每逢小宇放假在家、他们要一起出门或上班时，就把小宇反锁在家里，再出门。但是他们低估了小宇的聪明，小宇心里想："你们锁上了一道门，但是屋里还有一扇窗。"因为是平房，小宇很轻松地打开窗户就跳出去找同学了。三四个同学玩得正开心，看到路边有一个新疆人在卖哈密瓜，有着在牛栏山扒西瓜的经历，趁摊主不注意，小宇轻松得手，瞅准一个哈密瓜抱起来就跑，几个小伙伴儿风一般地跟在后面。确定摊主没有跟上来，几个小崽子商量着跑到了附近一个同学的家里，大门一关，锁上，找来菜刀把西瓜一划，几个小孩一人一块，就自顾埋头狼吞虎咽起来。

　　正当他们吃得起劲儿的时候，这位同学的父亲回家了，见他

为善至乐
　　——记王利

　　们吃得狼狈，满脸瓜汁儿，好奇地问："你们哪儿来的哈密瓜啊？"

　　这时大家都默不作声，你瞅瞅我，我瞅瞅你，最后只有小宇挺身而出："是我买的！"

　　"哦，是这样啊，那你们吃吧。"同学父亲也没再说什么了。他也在广电部工作，跟王利很熟。

　　小宇天真地以为，只要同学们不说，这件事就瞒天过海了。可是人算不如天算，晚些时候，这位同学的父亲突然造访，跟王利说："你儿子白天请我儿子吃哈密瓜，让小孩花钱多不合适。来，这是哈密瓜的钱，给你。"

　　小宇一见事情败露，心里咯噔了一下，心想完了，一顿臭揍是在所难免了。

　　王利接过钱后一愣，心想："我没给这小子钱啊，他哪来的钱买哈密瓜？"

　　送走同学父亲后，王利把小宇叫到跟前，看着小宇胆战心惊的样子，王利心疼了，叹了口气说："说吧，哈密瓜是哪里来的？"

　　小宇低着头，唯唯诺诺地答道："是在瓜摊儿偷的……"

　　说完小宇就双眼紧闭，本以为父亲又要抄家伙了，没想到父亲却对他语重心长地说："做人，绝不能偷鸡摸狗，想要什么得凭自己的本事去挣！不能偷，不能骗，更不能去抢！""和同学在一起，不要比吃比穿，穿得比别人差，吃得没别人好，这都不是丢人的事。学习上不如人，品德不如人，才是真正的丢人！"

　　这是王利这辈子与儿子为数不多的一次正式谈话。

　　除了上次掀翻摩托车打了这小子之后，王利就很少再打儿子了。因为他知道，现在早已不是"棍棒底下出孝子"的时代了，在他看来，身体暴力这种直接而富有冲击性的暴力方式，对子女的伤害是无以复加的。身体暴力不仅伤害孩子的身体，对孩子的精神也是一种打击，是一种双重伤害。身体暴力对孩子三观最大的影响在于：如果有人敢违背你的想法，不听你的意见，就可以用暴力来解决。这样的恶性循环会一代代传下去，对下一代孩子的负面影响，源源不断。更恐怖的是，他们不觉得这样做有什么错，因为父母就是这样对自己的。久而久之，这样的孩子长大后进入社会，轻则伤害自己，伤害与自己建立亲密关系的人，重则危害社会，因为他们不懂得如何处理问题。

所以，这一次王利耐下心来，在小宇三观形成的重要时刻，心平气和地与他开展了一次触及心灵的对话，从祖上王阳明到父辈对自己的教育，再到家族历史，王利给小宇都说了一遍。听着听着，小宇水汪汪的大眼睛流出了悔恨的泪水，他大声地说："爸，我错了，我以后再也不敢了！"

从此，小宇时时刻刻以德行要求自己，再也没干过一件坏事。可以说，在小树成长的关键时期，王利以身作则，帮助小宇正了苗，培了根，浇了水，从此小宇心中有光，向着太阳，茁壮成长。

第二节　童星之路得与失

小宇小时候是个童星，他在中央电视台银河艺术团学过表演。小宇小时候长得好看，王利只要抱他出去，邻居们纷纷围上来逗他："男孩女孩啊？长得真好看！"

小宇曾在中央电视台参与拍摄了一部 16 集的儿童家庭教育类电视剧，剧名为 *follow me*。那时候的小宇还不明白拍戏到

为善至乐
——记王利

底是个什么概念，台词基本上是导演教一句他录一句，但整体拍摄很成功，因为他很有镜头感，在聚光灯下的表现很好，小宇只要一出现在镜头面前，准能把在场的导演和工作人员逗乐。那个时候小宇才 3 岁，所以王利就跟在剧组，照顾他。

虽然那个时候的很多事小宇都记不住，但有一场戏他印象深刻，一辈子都忘不了。当时剧中的场景是小宇在路上奔跑，然后无意间踩到地上的香蕉皮，摔了一个跟头，就坐在地上大哭起来，剧中的家长再将他扶起来。场景非常简单，但真正拍起来就不是那么回事了。前面无论是奔跑还是踩香蕉皮，哪怕是摔跟头，小宇都演得活灵活现。可是摔了跟头之后，小宇就是不哭，怎么哄都不哭。这可把导演急坏了，但也只能干着急，录了一遍又一遍，拿小宇也没有什么办法。不知是王利比导演更着急，还是心疼小宇一遍一遍地摔跟头，只见王利突然冲出来，薅起坐在地上的小宇，朝他屁股"哐哐哐"狠揍了一顿，打完扔下小宇就走。不明就里的小宇顿时号啕大哭，哭得那叫一个"惨绝人寰"，持续了十几分钟。当时这一幕让所有人都目瞪口呆，过了半分钟导演才反应过来，赶忙趁机将这个镜头补完，拍摄效果极佳，一遍就过。这一幕镜头虽然顺利拍完了，小宇的哭声却停不住了，现场的工作人员和王利哄了好一阵子，最后还是导演拿了点好吃的才把小宇哄住。

后来，有个内蒙古电影制片厂的导演，要拍摄一部反映矿工生活的电影。王利记得那时是 1984 年，本来电影已经开拍，可导演对小演员很不满意，恰好王利的邻居与导演认识，在重新选演员的时候，就把小宇推荐给了导演，说："我们家邻居有一小孩长得挺好的，也演过电视剧，你们可以去看看。"

导演很重视，收到推荐后亲自到王利家来见小宇。当时王利并不在家，导演进门后拿了根冰棍给小宇，可小宇并没搭理他，而是斜着眼睛看了导演一眼，就是这个小动作，立马被导演捕捉到了，当场拍板："就是他了！"

说着走到小宇跟前，弯下腰问他："小朋友，愿不愿意拍电影啊？"小宇被选到了剧组。由于矿区都在野外，剧组到内蒙古拍了很多外景，还有门头沟的矿区也有一些取景。这一路，小宇姥姥和张彦廷跟着剧组一起跑，跟了整整半年。

电影拍成后，小宇挣了700块钱。那个时候王利一个月的工资才49块钱。全家人都很高兴，王利又添了50块钱，买了一台雪花牌电冰箱。这台冰箱质量非常好，他们用了很多年。

电影播出后，小宇声名大噪。北京电视台、上海电视台、八一电影制片厂、内蒙古电影制片厂等都纷纷找小宇约戏。后来，中央电视台特邀李雪健拍摄一则关于戒烟的公益广告，小宇也一并出演。

演戏演得多了，跟着剧组到处跑，小宇挣的钱更多了，也见多识广了。有一次，小宇回家跟父亲骄傲地说："爸，知道我是怎么回来的吗？打车回来的！"在20世纪80年代，能够打出租车，那是普通工薪家族不敢想象的，更何况还是这么小的一个孩子。小宇接着又问："爸，您坐过飞机吗？坐过轮船吗？我都坐过！"说着两眼放光，双手叉腰，脸上的表情不屑一顾，完全没有了小孩子的样子。浮躁、虚荣、膨胀、傲气，这些本该是形容成年人的词语，却出现在了这个涉世未深的小孩身上，十分不和谐。王利感觉不妙，暗暗下定决心，是时候让小宇退出演艺圈了，再这样下去，孩子的前途堪忧。

当天晚上，王利躺在床上想着白天小宇那目空一切的炫耀眼神，怎么都不像一个孩子该有的状态，翻来覆去睡不着。王利看着这么小的孩子，本应天真无邪，现在平添了不该有的膨胀和傲气。王利回想起自己小的时候，吃不饱、穿不暖，为了

为善至乐
——记王利

能吃到白面馒头，给家里多挣些工分，在伙食团当帮工就是他的梦想。现在看来这个梦想虽然很简单，很纯朴，但正是简单的生活才培养出了王利脚踏实地的工作作风以及无私向善的质朴品行。也因为这些，才有了后来的一切可能性。

在半睡半醒之间，王利又想起了父亲和大爷对自己的谆谆教导："喝凉酒，使官钱，终究是病。""凡事宁可多吃亏，都别给人添麻烦。""要吃亏、受累在前头。"王利想到父亲临终前，为了不给人添麻烦，都不愿躺在儿媳妇的床上，当王利的朋友、同事来家里看望自己时，父亲临终前留给这个世界的最后一句话居然是："还不给人家做饭去……"

想着想着，王利哭醒了，他哭的是对父亲的心疼，对大爷的想念，对儿子小宇前途的担忧，以及对祖传家训传承的忧虑……

他把张彦廷从梦中摇醒，说出了心中所虑以及让小宇退出演艺圈的决心，张彦廷听后，坚定地支持王利。

果不其然，王利的担忧并不是杞人忧天，成了童星的小宇，学习成绩直线下滑。因为跟不上课程，还留了两回级。孩子的心思都不在学习上了。王利和张彦廷意见空前一致，一切要以学业为主，如果真心想要拍戏，有梦想也是好的，让小宇争取考上戏剧学院，毕业后怎么拍戏，作为家长都不会再阻拦。

在此期间，贝纳尔多·贝托鲁奇导演的《末代皇帝》剧组在全城海选少年皇帝溥仪的扮演者。剧组来到小宇的学校，从100多名孩子里面选出十名，又经过反复考核、试镜，前十名里面选出了五名，又五进二选出了前两名，其中就有小宇。王利得知此事后，当机立断联系了剧组，表示孩子还要上学，小宇从此以后拒绝拍摄一切电影、电视剧和广告。

剧组劝了王利很久，因为这是一个大好的机会，如果电影成功走向国际，小宇将成为国际化的童星。王利无比坚定，剧组只好放弃。如果没有王利的阻拦，也许小宇将成长为一代童星，影响力也将远播海外。但王利并不后悔，小宇也不后悔，如果当初选择了做童星，不好说未来是否一切顺利，但可以确定的是，现在这个世界上肯定会少了一个在商海弄潮的小宇。

花无百日红，人无再少年。小宇虽然红得短暂，但他也在王利的教育下看清了自己，看清了未来的路，面对无数人梦寐以求的机会，小宇也做出了"舍弃"。舍得舍得，有"舍"才有"得"。手里的沙子抓得越紧，漏掉的反而越多，懂得适时"放弃"，才能更好地上路，走得更远。小宇没有愧对自己，没有愧对自己的梦想，没有愧对父母的悉心培养。

坚持让小宇回归学校、抓好学业，这应该是王利帮小宇做出的最正确的决定。

第三节　国外打拼，"不是自己的钱一分不要"

小宇回到学校后，虽然一直努力学习，但毕竟耽误了那么多年，而且比起其他同学，小宇"见多识广"的心也很难真正静下来，成绩一直比较平庸，难见起色。小宇上了初中以后，眼看这成绩起不来，考重点高中没戏，王利产生了一些新想法——出国留学。

出于对小宇出国留学的担心，王利放心不下，他觉得还是自己先过去了解一下情况。于是他联系到了朋友Harry，开门见山地说："我想让孩子到加拿大留学，但又放心不下。我得先实地考察一下加拿大的情况，如果满意，再把老婆和孩子接过

为善至乐
——记王利

去。现在我先把支付给移民公司和您个人的费用一次性都交给您，我也不懂留学的事，就有劳你费心，帮我备齐资料，先办我的手续。"

为这事 Harry 费了不少心，王利后来接到了加拿大方面的通知，让他到危地马拉面试。至于为什么要跑到危地马拉面试，王利不懂，也没问，他看到一沓机票时傻眼了，心想："这都是去哪儿啊？要坐多少趟飞机啊？"

打听之后才知道，原来移民公司为了节省成本，给王利订的都是廉价联程机票，路线也是精心挑选出的最省钱的路线。王利要先飞到韩国，然后等顺路航班飞到加拿大，再辗转到美国，接着原地换机飞往迈阿密，最后再到危地马拉，全部航程要乘机三十多个小时。光看这行程王利已经头疼不已，可是后悔也来不及了，这个时候只有硬着头皮上了，谁让自己啥心也不操，全让别人代办呢？现在也不能给 Harry 添麻烦再换机票了。于是经过一路奔波，王利终于腰酸背痛地来到了目的地危地马拉的首都——危地马拉城。

危地马拉，光看名字就让人感觉这是个危险的地方，这个国家对大多数人来说都十分陌生。危地马拉 1524 年沦为西班牙殖民地，1821 年 9 月 15 日宣布独立，1823 年加入中美洲联邦，1839 年危地马拉共和国成立。直到 1996 年 12 月危地马拉才结束长达 36 年的内乱。

所以，当年王利到达危地马拉的时候，正是该国内乱时。长期生活在和平、稳定、安全、文明环境中的王利，按照国内的思维下飞机后找到华人，还在问："当地有什么特产？"

华人笑了出来："你没看见这满大街都是荷枪实弹的军警吗？此地盛产劫匪！"

王利听后不以为意，以为人家在逗他，当他坐上出租车时，才终于相信人家并非戏言。他看到车子座位上还放着一条裤子，就问司机："这条裤子是前面乘客落下的吗？"

司机通过翻译说："这条裤子是我的！"看到王利狐疑的表情，司机边开车边补充解释："我们这里劫匪多，而且他们有一个习惯，劫财时不是要求你把口袋里的东西掏出来，而是让你把上衣和裤子都脱下来，交给他们检查，但上衣裤子一旦给了他们就不会被还回来，所以我们出租车司机都在车上备条裤子。"

王利心想："这个国家也太乱了吧，我到底来了个什么鬼地方？还能不能活着回去？在这里万一被劫匪碰上了，我也要光屁股吗？这鬼地方也没有中国使馆，被抢光连个说理的地方都没有！"

一路上王利心里直打鼓，不过好在运气不错，有惊无险抵达了目的地。危地马拉极少碰见中国人，总体上大家都用"敬而远之"的态度接待了王利，事情办得还算顺利。一切妥当后，王利只想尽快回到祖国的怀抱，经这么一吓，他深深感受到能出生在、成长在中国这么安全的国家，当真是祖先积了大德了。

1996年，王利终于顺利在加拿大落地，居住在温哥华的维多利亚市。由于没有固定的住处，他暂住在一位英国人的家里。他之前从没接触过英国人，对他们的生活习惯和接人待物的方式很好奇，处处都在观察。

英国人看上去彬彬有礼，和蔼可亲，不管大人还是小孩待人接物都礼数周全，极有教养。但有些方面也令王利大为费解。有一次房主的女儿回到娘家，小住几天之后，分别时，母亲居然拿出来一张账单，详细写着女儿一共住了几天，总共花费了多少钱。女儿竟然也没有丝毫诧异，理所当然地照单全付。王利心想："在中国，闺女回了娘家，那是开心得不得了的事，谁

为善至乐
——记王利

还会跟亲闺女算账呢？"而英国人不论是家庭成员之间还是朋友之间，都讲 AA 制，再好的朋友一餐下来，你该付多少，我该付多少，当面结清，毫不含糊。这一点让王利很不适应，甚至有点反感，觉得很没有人情味儿。

王利觉得外国人身上也有值得他学习的地方。有一次王利去一家超市购物，超市外有一个露台是吸烟区，王利烟瘾犯了，要了杯咖啡，点上一支烟，坐在那里休息。这时一名年轻的乞讨者过来，比画着手势想要王利把烟蒂给他。王利想怎么好意思让人家抽烟屁股，就直接递给他一整支烟。年轻人笑容满面千恩万谢地接过了烟，正准备走到一边点上，这时突然起风了，餐桌上的餐纸被吹了一地。乞讨者见状，赶忙追着去捡四处飞散的餐纸，一一捡起全部放进垃圾箱内，这才优哉游哉地点上烟。王利顿时觉得很感动，打心眼里敬佩这个乞丐，心想他都混到乞讨的地步，却还懂得环保，爱惜公共卫生。

经过一段时间的考察，王利觉得加拿大总体是个不错的地方，大家都讲规则，讲契约精神，讲公共秩序，注重环保。再加上维多利亚风景秀丽，气候宜人，当地居民也不排外，王利去的几所学校都很有学习氛围，他相信小宇在这里应该能够踏踏实实地学点东西。

几个月后，王利在维多利亚租了房，顺利将妻子、儿子安顿在加拿大。那一年，小宇 19 岁。

王利夫妻俩陪着小宇在加拿大住了两个月，一起适应适应环境。临回国前，他们很是不舍，小宇第一次走出国门，学校离租住处也远，王利知道小宇酷爱跑车，就提出来想给他购置一台跑车。可小宇懂事地说："爸，我不想这么招摇，我只想要一台符合我身份的车子。"

王利听小宇这么说，心里很欣慰。

学习期间，小宇为了锻炼独立生活和工作的能力，还打了一份工。小宇选修课学的是日语，这位日语老师在维多利亚开了一家日料店，小宇课余时间就在这位老师的店里打工，边工作边学习，待学业完成后，小宇竟达到了专业寿司师傅的级别。

在加拿大顺利毕业后，小宇没有着急回国，而是想自己找份工作，先历练历练。可令父母没想到的是，小宇竟然找了份在高尔夫球场背包的工作。张彦廷觉得这个工作实在不体面，可小宇说："背包怎么了？高尔基还擦过皮鞋呢！"这几年的学习和工作经历让他觉得，这份工作很正常，要历练就应该从最底层开始练起。

王利对这个观点非常认同，对小宇也很有信心，可令王利没想到的是，小宇对他讲："您也千万别对我抱多大希望，我是一点经验都没有。"小宇令人欣赏的一点就是他的心态很好，有自知之明，他知道自己是什么样子，想要的是什么，思路清晰。小宇从小是童星，他在耀眼的光环和家中的蜜罐里长大，是该锻炼锻炼了。能够清楚地认知自己，头脑清醒，目标坚定，有主见，这些在一个刚刚大学毕业的年轻人身上，是值得赞赏的品质。

小宇在国外待了 8 年，毕业后在美国打过工，当时他在 OPPO 的一家代理商从事销售工作。时间长了，小宇觉得自己在国外生活没有问题，而且还很惬意，但是想做出一番事业很难。他知道男人想要真正成长，应该独自闯荡闯荡，一份安逸稳定的工作不是他想要的。经过一番激烈的思想斗争，小宇决定回国发展。

小宇将自己的想法告诉王利后，王利非常高兴，他非常尊重小宇的选择和决定，同意了小宇的回国申请。在离开美国之前，小宇的领导给了他 2000 美元，感谢他对公司所做的努力和付出。没想到小宇婉言谢绝了。他对老板说:"非常感谢你,先生,能得到您的认可和肯定是我的荣幸,我也非常珍惜在公司工作的这段日子,我收获了很多,学习了很多,我将永远感激并铭记您的帮助和教导。但这钱我不能收,我没有给公司创造任何经济效益,所作的贡献也有限,公司该付给我的薪水一分不少地支付了,所以这不是我应得的钱。"

虽说王利并没有对小宇进行过经济管制,但小宇从来不乱花钱,相反在学习期间还能主动勤工俭学,不仅学了一些手艺,丰富了自己的阅历,还为家里节省了一笔开销。这让王利和张彦廷夫妻俩深感欣慰,更令他们感到高兴的是,面对金钱的诱惑,小宇继承了王利的诚信、本分与平常心,让优良家风得以传承,小宇也牢记:"钱和人比,永远排第二""不是自己的钱,一分都不拿"。

王利对此深感自豪,常常赞赏小宇:"不愧是我王利的儿子!"

第四节　回国创业,把信誉放在首位

阔别家乡八年多的小宇,终于在 2005 年回到了祖国的怀抱。怀揣着满腔热情,他准备在自己的家乡一展抱负,他想自己不能总是活在父亲的身后,一定要闯出一番自己的事业。他不想再被别人称作"王利的儿子",而是想让父亲骄傲地被别人称作"小宇的父亲"。

但是现实是残酷的。

回国后小宇在顺义租了一块地,准备建厂房,搞厂房租赁。可是施工结束后,工商局不允许他们经营,因为工程没通过竣工验收，有些施工材料经鉴定为伪劣产品。小宇知道自己被施工方坑了，这件事让小宇深受打击。

除了这件事，回国后的一些人情世故也让小宇感到头疼，他去找王利探讨。王利语重心长地说："孩子，你得入乡随俗，上哪个坡就得唱哪首歌，人走到哪里就得说哪里的话。国外的理念不能生搬硬套，做事不能一板一眼，要讲究变通。你对人情的理解有偏差，其实所谓的'人情'并不是中国特有的概念，而是全人类共有的概念，哪个地方都有，只是程度不同罢了。美国人送别人一件礼物，也会期望别人回赠一份差不多的礼品，你来我往后，双方在经济上都没有损失，但在人际关系上就变得稍微亲密一些了。在中国，邻里之间、朋友之间，甚至公司之间，有时也不依靠货币作为交易中介，而是依靠'人情'这种软通货。我帮你一个忙，相当于我给了你一份价值不固定的'人情'，将来你再帮我一个忙，又相当于你还了我一份价值不固定的'人情'，在一来一往间，感情就加深了。你看电影《教父》就知道，棺材店老板的女儿被人欺负了，老板找到教父帮忙伸张正义，主动想要给教父钱，但教父没有收钱，而是收了虚无缥缈的'人情'，在以后可能需要的时候，再让老板还上即可。不过'人情'这个东西，都要在法律、道德、原则框架之内运行，而且你有时候也要反过来看，你可以用它，但是也不能过于期望它，有时候期待越多，失望和痛苦也会越多。我们的祖宗就有句老话：人情似纸张张薄，世事如棋局局新。"

父亲第一次对小宇说出这么多自己的感悟。道理说起来很简单，但是万事"实践出真知"。毕竟小宇在国外工作生活了很长时间，想要一下子参透其中的道理，很难。王利也不再多说，他知道说得再多，实际作用也不大，需要让小宇切身去体会，好好去揣摩。

为善至乐
——记王利

通过与父亲的对话，小宇至少知道了自己不应该急躁，应该慢慢地适应环境，静下心来一步一个脚印地走自己的路。很快，小宇就有了自己的方向。

从小到大，小宇最感兴趣的就是车。他永远记得，儿时自己在父亲摩托车上玩耍时的威风和快乐，也还记得当年不小心把摩托车摔倒之后被揍得发麻的屁股。从那之后他就很小心谨慎了，很少再摸两个轮子的摩托车，稍微大些后，他对四个轮子的汽车更加感兴趣，很早就考了驾照。记得有一次，王利朋友的儿子结婚，找王利帮忙开婚车，王利说："我这么大岁数了还开什么车，让小宇去开。"

"我成吗？"小宇心里直打鼓，因为当时取得驾照后，小宇还一直没有独自开车上过路。

"有什么不成的？你已经满18岁了，成人了，你是个男子汉，男人就要有担当，我相信你，你一定行的，绝对没有问题！"王利积极鼓励小宇。

第一次开车，开的就是别人的婚车，小宇不敢大意，一路给自己打气，耳边不断回响着父亲坚定信任的语气，终于战战兢兢地顺利完成别人大喜之日的重要任务。

事后朋友主动告诉王利："你儿子真棒，车开得那叫一个稳！"

有了父亲的鼓励、旁人的肯定，小宇逐渐树立起了自信心，同时对车的兴趣更加浓厚，有事没事就钻研汽车理论。每次在与别人讨论汽车的时候，他都能讲得头头是道。

隔行如隔山，与其在陌生的行业里摸爬滚打栽跟头，不如在自己熟悉的领域里施展拳脚，利用自己的长处干一番事业。

方向确定之后，应该采取行动。通过对市场的深度调研，小宇敏锐地发现了商机，他发现北京还没有一家公司拿下皮卡

（PICK UP）汽车的改装代理权。事不宜迟，小宇赶紧联系皮卡
总公司，赶赴美国。与公司负责人谈判时，美方吃惊地发现，
小宇对皮卡的了解甚至超过了他本人，从皮卡型号、性能、优
缺点，甚至发展历史、创始人、全世界有多少国家在做改装代
理，都说得头头是道。其间，小宇还说到了温哥华一家改装代
理商的名字，负责人也不知道这位老板是谁，立刻打电话核实，
结果与小宇说得分毫不差。小宇凭借自己在美国、加拿大的学
习和工作经历，以及对皮卡改装行业的深度调研、了解，很快
取得了皮卡总公司相关负责人的高度肯定。这位负责人召集公
司内部召开会议，在会上就确定下来了，他对小宇说："恭喜你，
北京的改装代理是你的了。希望我们合作愉快！"

　　小宇没想到事情会进展得这么顺利，这一仗打得真漂亮，
不由得信心大增，看来他选择在自己熟悉的领域深耕发展是正
确的。

　　改装代理权拿下来，这只是第一步。小宇拉上几位圈内好
友一起组建了汽车改装公司。几个年轻人热情高涨，再加上对
皮卡都有着很深的理解，汽车改装公司办得热火朝天，有模有
样，还真赚了不少钱。其间有人想要收购他们的公司，都被他
们谢绝了。小宇说："我们就是想做点自己的事，卖给他不就成
了给他打工了？"

　　公司赚钱了，但，到底赚了多少钱？公司运行又花了多少
钱？最终获得的利润是多少？小宇不知道，他也从不过问，只
是一头扎在具体的改装业务中，这是他的兴趣所在，也是他的
专长，圈内人称小宇为汽车改装专家，每改装好一台车，小宇
都能收获很大的成就感。正是因为如此，小宇就放心大胆地把
公司财务交给了别人，在"对任何人都从不设防"这点上，小宇
从父亲那里继承得也是相当到位。

为善至乐
——记王利

就在公司业绩节节攀升的时候，小宇也天真地以为自己已经迈向成功了，但随后困难、挫折接踵而来。有些人能够跟你共苦，却不能同甘。公司经营了四年后，一个平日里像铁哥们一样的合作伙伴，将所有的钱卷走了。

小宇再一次遭遇了事业的滑铁卢，准确地说，这次不算事业的失败，但绝对是对人的失察和对公司管理的失控。对公司、对汽车改装行业，小宇不担心，他觉得自己可以东山再起，但对从小就把"诚信"摆在第一位的小宇来说，他想不通为什么有人能为了钱，把朋友之间的友谊这么轻易地毁掉，甚至把其一生的信誉都给丢掉了。

这一次，小宇没有跟父亲说这件事，他觉得应该是自己独立面对困难和解决问题的时候了。王利还是从他同学口中得知的这一事件，起初很吃惊，但并没有做任何表态，他觉得儿子迄今为止没有经历过这种复杂的人际关系，这是小宇人生的一堂必修课。这是他应该独自去面对和解决的，这个坎儿，小宇必须自己亲自迈过去。

事后有人问小宇："你后悔吗？"

经历了这些挫折和起伏后的小宇成熟多了，他说："我不后悔，这是一件好事，塞翁失马，焉知非福。这次失败让我能更加看清楚这个复杂的社会，把我以前天真的想法逐步修正，而且在此期间我还学到了不少东西。以前我怎么也想不明白，居然有人会为了眼前的利益，把自己一生的信誉都给丢光了，不值得！后来我想通了，我也不怪他卷走了钱，他宁肯相信他是有难言之隐。"

小宇头脑清醒，在这个过程中他没有慌乱，公司还在正常运转。在稳定阵脚的同时，小宇也开始懂得一些人情世故了，他不仅能够站在别人的角度考虑问题，而且表现出了他的父亲公司负责人应有的大气度和虚怀若谷，这一点和王利真的很像。

王利知道，通过这次经历，小宇成长了，对人对事都有自己的独立判断了，他也从小宇身上隐隐约约看到了自己的影子，他想是时候培养接班人了。这次他对小宇没有说过一句批评的话，因为王利知道，亲身经历的事比口头上的教育带给小宇的帮助更大。他也知道儿子对事业有着自己的想法，就试着跟小宇商量："你来我广告公司上班吧，我给你正常开工资。你的为人处世和对汽车改装的业务我一点不怀疑，但对公司的运营管理的确该加强了。知道自己的短板在哪儿，就抓紧时间弥补，因为迟早有一天，你得接我的班。"

这一次，小宇听从了父亲的劝告，他深知造成这个结果和自己疏于管理不无关系，于是，他进了广告公司成为父母手下的一名员工。张彦廷在广告公司主管财务，她和王利的想法一致，必须要让小宇从这个事件中深刻汲取教训。母亲在公司对他的要求很高，虽然是自己的儿子，但绝不搞特殊照顾，也没有让他产生任何优越感，她让小宇必须从底层做起，初来时工资和其他员工一样。

小宇心里也憋着一股劲，把父亲抛出的橄榄枝看作父母对自己最后的关照，他不敢掉以轻心，扎扎实实跟着父母学习。小宇终于知道，父亲的成功不是随随便便的，而是有着深层次道理的，父亲和母亲身上有太多值得他好好学习和总结的地方了。小宇平时在家中看到和感受到的是父母对他无条件的付出和爱护，工作之中父母的样子，遇到复杂问题时他们又是如何面对和化解的，小宇还真的一无所知。所以这一次，小宇扎扎实实从底层做起，脚踏实地干好每一件事，结合两次创业挫败的经历，一点一滴地积累和总结经验。

终于，小宇没有辜负父母对他的期望，如今的小宇通过自

为 善 至 乐
——记王利

己的努力与拼搏，已经成为公司的经理，专门负责户外广告业务。他从父亲身上看到了做人的成功，他知道做人才是事业成功的前提，他深刻理解了父亲常说的："要学会做事，首先要学会做人。"小宇也逐渐像父亲一样，学会了不给别人添麻烦，而且平等待人、认真做事。遇到别人有困难必伸援手，同样不求回报；对待金钱淡泊处之，对待情义分外珍惜。小宇后来成为vivo品牌的高铁广告机场以及户外总代理。作为甲方，别人找他做业务，请他吃饭，小宇却趁对方不注意悄悄将账单结了，完全没有把自己当作甲方，这些举动让对方不由得敬佩。

同样秉持着"诚信、本分、平常心"的理念，小宇负责的户外广告业务越做越大，而且很多都保持了常年合作。每当有人问小宇是如何与客户保持良好合作关系的，他都严肃地说："无论做什么事，都得规矩、诚信、本分，这是父亲身体力行告诉我的。他没有对我说教，这是我亲眼看到的。这就是榜样的力量，这就是父亲的力量！"

尽管这时他已经有一些小小的成绩了，但小宇知道自己与当初设想的父亲可以被称呼"小宇的父亲"这一目标，还有很大的差距，需要不断地学习和努力才行。小宇常常给人举例说明一个理念："一块钱的东西，我可能就挣一毛钱，同样的东西如果你卖两到三块钱，虽然这一次你赚到了，但买家迟早会发现自己买贵了，以后不会再跟你做生意。人心得摆正，不能总想着黑人家，我做事本本分分，口碑一传十、十传百，就传出去了。人家有生意，自然会主动找我，客户和朋友就会一点一点积累起来。总之什么事都不能失信，挣不挣钱的放在后面。"

很显然，对小宇的教育，王利是十分成功的，从小宇身上可以看出，书本上的知识可以"教"会，但深层次的东西、行为习惯上的东西、价值认同感的东西，孩子不应该是被"教"会的，而是应该采用循序渐进影响式和引导式的方法来精心培育，"润物细无声"会产生"水滴石穿"的惊人力量。要想"育"好一个人，不仅要从娃娃抓起，更要追根溯源，从孩子上一辈的身上抓起，父母才是孩子成长路上最开始、最重要的引路人。都说父母是孩子的第一任老师，身教胜于言传，做人做事的道理，孩子都是通过观察父母的言行"习得"的，是父母在孩子这张"白纸"上画下的第一笔。"三观"是一个人的思想骨架，如果这一个框架最初没有画好，整幅画都不会有好的结果。

在王利的悉心教导下，小宇传承了王利的价值观念和行事作风，传承了王氏家风的思想理念和心学教化。

现如今，王家已经枝繁叶茂，家业长青。王利过 70 岁生日的时候，家族里大大小小来了 50 多个人，面对王家老幼，王利心潮澎湃，感慨良多，情不自禁地对家族的孩子们讲了很多，"吃亏是福""毋贪利""钱和人比，永远排第二。""对兄弟姐妹和亲人，要吃亏、受累，在前面。对兄弟们这样，对乡亲们也要这样……""自己的日子好过了，要真心实意地帮别人……"他动情讲述着祖辈对王家后辈的教诲，娓娓道来，在场的王家子孙无不动容。

王利倡导为善至乐，所以他过得快乐、充实，看着王氏家族儿孙，枝繁叶茂，他的心中充满了成就感。现在不仅是王利一个人好了，整个大家庭都好了，王利高兴、满足、惬意。

实现了！王利已经将祖传家训成功地传承给王家子孙。

实现了！父亲和大爷的教诲，已经融入每一个王家子孙的骨髓。

实现了！王家已经枝繁叶茂，家业长青！

王利仰望星空，他只想：感谢大爷！感谢父亲！感谢母亲！

以上是王利 70 岁之前的人生故事，对他而言，过往的人生

为 善 至 乐
　　——记王利

　　经历贵在体验和参与，"走过"的意义超越了他获得的财富，或者说，那些经历的故事、交往的朋友，才是他人生最大的财富。王利说自己仍然在路上，每一天都是崭新的。他的正能量一如既往，像一双无形的手，助推着他自己、他身边的人，继续前进，永不止步。

第十章　他们眼中的王利

王利这个人哪，不好说

丁俊杰：教授、博士生导师，曾任中国传媒大学（原北京广播学院）副校长，现任中国传媒大学学术委员会副主任，兼任国家广告研究院院长、亚洲传媒研究中心主任、首都传媒经济研究基地（北京市哲学社会科学重点研究基地）主任。

朋友通过微信邀请王利的几个朋友，包括我在内，写几段文字，聊聊王利这个人。我琢磨了好久，才琢磨出一句话来："王利这个人哪，不好说。"

什么时候认识王利的，确切的日期我实在想不起来了。与他相识冥冥之中是一件自然而然的事情。为了确认相识的大致日期，我回忆了好久，但就是回忆不起来是哪个时间节点，至少是在1995年前，因为我记得我带着女儿去他家时，女儿才四五岁。

我是外地人，上大学才来到北京，北京人对我来说就是一本书，在北京待了四十多年，对北京人的很多概念我还搞不清楚。比如说什么是"北京老炮儿"，我问过很多人，都没有一个

为善至乐
——记王利

标准的答案。再比方说"北京爷儿"，也没有具体的标准。从认识王利那天起，我总感觉他浑身上下都散发着一股浓浓的"北京老炮儿"或者说"北京爷儿"的味道。也许作为一个外地人，我的认知并不正确，但我始终认为王利就是"北京老炮儿"，就是"北京爷儿"，虽然这和很多人对这两个概念的定义并不一样。

王利在商业上是成功的，他比我有钱，并且不是多了一点点，这是肯定的。但我的学问肯定比他大，因为我是吃这碗饭的；我的职称也比他高，我是国家二级教授，是博导；我的职务也比他高，我曾经官至副局级。他呢，用他自己的话说，顶多做过副科级；我的学位就更不用说了，我是博士学位，他勉强才拿到了学士学位。但是很奇怪，这么多年来，我在他面前一直执弟子礼，何也？因为从王利身上，我可以学到很多东西。

很多人并不相信王利是我的老师。有一次，王利在海南偶遇了几位我的朋友，大家在谈话间提及我，丁教授长、丁教授短的。王利忍不住问："你们说的丁教授是哪一个？"大家回应说："中国传媒大学的丁教授啊。"王利抽了一口烟，呷了口茶，悠悠地卖着关子说："那是我学生。"旁边众人讪笑着说："吹牛吧，丁教授怎么会是你的学生？"王利说："咱们打赌，我现在打电话过去，他一定叫我老师。"说完，他当着众人的面，也没有事先跟我约定，便将通话开了免提。电话铃声只响了一下，我就在那头接了起来，还没等他开口，我就说："恩师有什么吩咐？"举座皆惊，人们事后问他到底用了什么招数、什么迷魂汤，把丁教授骗得一愣一愣的。我想说，别说大家惊奇，我也很奇怪，我为什么称他为老师呢？这就是王利不好说的那一面。从表面上看，我显得比王利有学问，但是实际上他就是我的老师。

　　通常情况下，王利不带脏字不开口，往往张嘴就骂人，只要熟人，无论男女，但凡他认同你，几乎没有不带脏字的话。见了生人，我觉得他还是能控制住自己的，一开始表现得文质彬彬、礼貌周全。但你别和他聊对脾气，一旦对上脾气，即使是第一次见面，他也立马会脏字连篇。所以我常说，王利开心不开心，认同不认同一个人，有很多迹象，其中之一就是看他是否骂人。他骂人，说明他开心，说明他认同你。当然他生气的时候也骂人。所以，这个人哪，真的说不清楚。

　　我常听朋友说王利很像雷锋，因为他乐于助人，有时做了好事也不留名，其实我们知道的雷锋都是从书本上得到的，而王利是我在现实生活中见过的最具雷锋精神的人。曾经有位帮助过王利的人遇到了难事，王利得知后比当事人还着急，他不仅着急，还愿意用自己的力量和资源去帮助这位朋友渡过难关。这在一般人看来是很少见的，因为一般人遇到这种难事的时候，躲都来不及，但是他愿意往前冲，愿意挺在前面，这种两肋插刀的事情，是很合乎王利的性格的。这个人哪，真的不好说。

　　王利是个可爱的人，或者说，是个可以让人爱的人。我们这个世界上有高尚的人，有博学的人，有才华横溢的人，有修养很好的人。有这些特质的人固然值得羡慕和夸奖，但他们未必能成为一个可爱的人。王利好像与高尚、博学、才气、修养都有些距离，至少表面上有距离，但他是一个可爱的人。他的这种可爱，或者说让人可以爱，体现在与他的具体交往中。我年轻时喜欢开快车，第一辆车是富康，那时王利开了一辆奔驰，我们俩经常在北京门头沟一带飙车。当时还没有高速路，也没有限速，我们俩经常从他们家到门头沟，一路飙过去，风驰电掣，我仗着年轻，眼疾手快，往往能超过他。后来他换了宝马，我换了宝来，我们俩还是玩飙车，就这样"横冲直撞"

为善至乐
——记王利

了好几年。

有一天，他突然跟我说，以后不能再玩这个了，太危险，他说："你在前面开个小破车，我在后面看着，真提心吊胆，不能再玩这个了。我倒没啥，你一个大学教授，又那么年轻，不行不行，以后不能再飙车了。"这事儿就撂下了。后来，我琢磨了许久，我们俩不再飙车，不是因为他追不上我，而是因为我开车太快、太危险。越想当时他对我说的那番话越有味道，越想越让我感动，越想我越觉得王利是一个可爱的人。别看王利有些"粗野"，但讲起人性、讲起感情，常常讲得津津有味。自古以来，野性与柔情就是两股道上的车，两者是有距离的。但王利表面野性十足，骨子里的柔情一点也不少。所以呢，王利这个人，真不好说。

我是研究广告的，跟中国大大小小的广告公司、各色各样的广告人打过许多交道。王利不是最优秀的广告人，但是他做过的许多事情在中国广告史上值得留下一笔。别的不说，为同一个客户服务超过 30 年，这在中国广告界，无论是国际 4A，还是本土公司，都很难找到第二家。跟客户的关系能持续这么久，从王利的身上可以体会到一个道理：做事，其实就是做人，做人好，才能做成事。

王利被骗的事情我就不说了，跟他相处的朋友都知道他有这个毛病，容易被骗。许多相关的事情我不想说了，但我特别想说，他明明知道被骗，却不挑明，心甘情愿地被骗，我问他为什么，他的回答让我跌破了眼镜，他说："唉，毕竟曾经朋友一场。"

王利喜欢打牌，这么多年来，他好像就这么一个爱好，每次打牌都会打得昏天暗地，打得不顾身体。牌桌上能体现出他的个性和为人，也能体现出他的那种任性，更能体现出他的那股生猛脾气。这些年来，跟他一起打牌的人大都比他年龄小，但是他从来不服老。有一次，大概晚上十一点，他刚下飞机，就有朋友招呼打牌，他立马直奔牌桌。当时我正好有事情和他通电话，就略带愠怒地批评他："你还要不要命啊，这么晚了还去打牌，那得打到什么时候啊？"他说："朋友招呼我，是看得起我。"后来还是去了。据说那天打牌一直打到第二天天亮，第二天晚上接着打。第三天，王利被送进了医院。喜欢交朋友，为了朋友的一句承诺不顾一切，这是他的性格，也正因为他这个脾气，所以大家和王利相处起来都觉得很快乐，即使遇到难事，跟他在一起也很快乐。

王利就在我们身边，他是一个普通的人，一个普通的真真切切的人。

我还是那句话：王利这个人哪，真的不好说。说王利，一言难尽。说了这么多，只是"一言"而已。

亦师亦兄亦友

——我眼中的王利

杨凤池：教授、博士生导师，现任首都医科大学临床心理学系学术委员会主任、北京心理卫生协会理事长、全国心理卫生学科科学传播首席专家，中央电视台《心理访谈》特邀专家主持。

认识王利是我的幸运。

20 世纪 70 年代末，我在北京郊区顺义县北石槽下乡插队。

为 善 至 乐
—— 记王利

那时候就听老乡们说，牛栏山那边有一个牛人，为人特别仗义，在中央电视台工作，名叫王利。

20 世纪 80 年代中期，机缘巧合，我见到了王利。他中等身材、五官周正、方面大耳、豹眼高鼻，声如洪钟。但是刚开始接触，印象不佳，听他说话，简单直白、粗口连连、插科打诨；再看衣着，随意混搭、穿戴任性、不拘小节。看到他的言谈举止，仪表坐卧，我心中好生困惑：就这么一个人，怎么能那么牛呢？

后来，接触到更多认识王利的人，又获得了离奇的信息：这个人是有口皆碑的仗义之人，他人借钱不索，自己欠钱必还；他是又憨又傻，对朋友义字当先，明知是当也得上，明知是坑也要跳。我心中再生困惑，他真的总是这么干？那他自己怎么维持生活？

再后来，接触到他的家人，亲人众口一词称赞王利大孝。对父亲、母亲、大爷、岳父、岳母、同乡长辈们都尽其孝道，各种尽孝的重大事件和点滴故事在家族中广为流传。经由王利的孝，我感受到了他深厚的内在，理解了他的力量源泉，理解了他的家庭文化与中国优秀传统文化的有机联结。

20 世纪 80 年代末期，我又遇到了王利，有机会坐在一起闲谈。我当时正在专业迷茫和人生蹉跎之中，没有背景、没有资源、没有靠山的状态让年轻的我有些自卑。王利那时候很普通，但是他的精气神十足，对未来充满信心。王利似乎看透了我的心思，他目光炯炯地说："你下过乡，看见过猪圈吧。"

我说："看见过。"

他看了我一眼，又说："你看见猪圈那么多猪，可能没有仔细观察吧？那些猪，有的是翘尾巴的猪，有的是耷拉尾巴的。你再看那翘尾巴的猪，长得膘肥体壮、皮肤发亮；可是耷拉尾巴的猪，瘦骨嶙峋、皮肤发乌。你知道为什么吗？"

我说："还真不知道。"

王利憨笑着说："翘尾巴的猪一看喂猪的人把猪食倒进食槽，立刻拱到最前边，抢着吃。而耷拉尾巴的猪被挤在后面，等翘尾巴的猪吃饱了才能吃到一点，还没有吃饱就没了。"

我若有所思地说："是这么个理。"

王利笑了，他接着说："做人也是一样，要学会做翘尾巴的猪，一切都要靠自己，不要等着人家往嘴里喂。虽然咱们不要像猪吃食那样抢利益，但是要有一股勇气，都是俩肩膀扛一个脑袋，谁怕谁呀！"

王利说者无意，我听者有心。王利和我一样，也是没有背景、没有资源、没有靠山的状态，可是他勇气十足、自信坚定的状态给我很大的启发。在心理学上，他这一番话叫作暗示人生的隐喻故事，与我的交谈相当于心理学对话。听了他的话，我说："你就是个民间心理学家。"从此，我就把王利作为我心目中的导师，并且多次在亲友聚会场合公开宣布。每当我人生道路上遇到困难和挑战的时候，就会听听他的见解，从他身体力行的示范中吸取一些勇气和力量。我为人处世之道的精神内涵基本上模仿了王利，而且只学到了一部分，就在自己的朋友圈得到了广泛的好评。

现在，他的状态今非昔比。他不是企业家，却做成了大生意；他不是名人，名人却朝他靠拢；他不是高官，大员也向他致敬。王利大智若愚，他开玩笑说："你们不要说我傻，我睡着了都比你们机灵。但是我就是睡不着。"他说话做事有里有面，几句话能把一屋子的人说得心服口服，复杂难解的事情他可以巧妙轻松地搞定。他的智慧在日常生活中表现得淋漓尽致，让周围的人忍俊不禁，拍案叫绝。无论何时何地，谈笑风生、嬉笑怒骂自成一体。

为善至乐
——记王利

王利的事业发达了，做人的准则没有变，他在财富面前不谋私利的原则没有变，他的口头禅是"吃亏是福"，这也是他赢得事业成功的秘诀。我曾经把王利的故事讲给一些年轻人听，他们摇头质疑，说："别忽悠人了，我们天天想着占便宜，还经常吃亏呢，再让我们'吃亏是福'那还不得穷死呀？"我认识王利三十多年，每次见到他，他都会讲几件吃亏、受损的事情，或是为朋友两肋插刀，或是勇于奉献自己来支持别人的事业，或是为了国家的环境保护大业而吃亏。但是，充满神奇色彩的是，王利的财富与日俱增。我仔细想了想，这些令人费解的现象其实是有深刻的内在逻辑的。当今时下，忠孝仁义等传统理念淡化，许多人都处在人际交往的困顿和迷茫之中，一个真实可信的王利对所有的人都有吸引力。在王利的朋友圈里，大家管他叫"大爷"。大爷这个称呼既亲切又慈爱，还表现出对他的尊重。商道其实就是做人之道，做事先做人。王利说经商要得利，不能亏损。但人人都要得利，总得有吃亏的。要想跟人不一样，就得跟人不一样。其实，大家都在找吃亏的人，这样一来吃亏的人实际商机无限，最终"吃亏是福"。王利还是一个罕见的忍者，能吃大苦、能受大罪、能享大福，在他的身上充分验证了"不吃苦中苦，难为人上人"这句话。

当初，王利向我表达了把自己的事情写成一本书的愿望，我听了一愣。写书？这是文人的事情，他一个粗人写什么书呢？后来转念一想，王利他的经历，还有他对家风的传承，太值得写了。于是，我按照心理学专业访谈的思路拟订了一个采访提纲，对他进行了专访，形成了长达三十多个小时的录音素材。通过连续的访谈，我对王利有了更深入的理解。王利身后站着两位纯朴而强大的父亲：他的父亲和他的大爷，王利对他们的认同产生了强大的阳刚之气，双重父爱的滋养培育了他深厚的大爱之情；父辈之后站着王氏家族的列祖列宗，王氏家族的家教家风形成了他忠厚善良的品性。乍一看，王利就是个普普通通的农家子弟，用他自己的话说是"满脑袋高粱花子，两脚泥腿子"，但是他的家风正、家教严，在他的家庭氛围中潜移默化地渗透着"仁、义、礼、智、信、勇"这样的中华传统文化元素。王利最大限度地继承其精髓，做到知行合一，将良知贯彻到底。他的待人接物、举手投足都让人感到实在可靠，跟他在一起，不论打牌、喝酒，还是聊天、议事，都能体会到他的率真、睿智和风趣，感受到生活的快乐。他周围的许多人都说王利魅力十足。聚人气就是聚能量，聚财便是自然而然的事情。

感谢执笔者郭小毅和张楠先生，通过他们的妙笔把王利写活了、写生动了、写出他的精神头了。这本书特别适合初入职场、涉世不深的年轻人阅读，让大家可以看到当下还有王利这么一个人。当大家像年轻的王利那样"两手攥空拳，独自闯世界"的时候，看看他怎样生活、怎样为人、怎样处事、怎样交友，再结合王利当前的人生状态，就会有所启发，就能对人生有更深刻的多角度的理解。

读懂王利不容易，但如果能"懂"一点他，可能你的生活会有一些想象不到的变化和欣喜。

排前三的胖哥

池燕明：北京立思辰科技股份有限公司创始人、董事长。1990 年自清华大学毕业后，与同学合办了"北京当代电子经营

为善至乐
——记王利

部"；1993 年组建"北京东方办公设备有限公司"，任总经理兼总裁；1999 年，创立北京立思辰科技股份有限公司，任职董事长；2009 年，公司成为首批创业板上市公司；2019 年 4 月，转型为纯教育公司。他希望通过科技和人文的结合帮助孩子寻找人生快乐幸福的密码。

王利是个什么样的人？我举个例子。记得那年我们跟他在建国门翠亨村吃饭，下着大雨，他开着那款新的奔驰 200 而来。刚一进门就听见王利骂骂咧咧地叫着："这破车！风挡玻璃上都是雾，开一会儿就得找地儿停下来用抹布擦！"我当时就乐喷了，告诉他车内有一个小除雾键。他一愣，之后又是一连串的笑声，我对这一场景历历在目。

其实我第一次见到他是在《电视周报》。我还记得那天，王利坐在那里，他也没有绅士般地站起来跟我握手，当时他的肚子就很圆很大，我依稀记得他好像还戴着一副眼镜。他斜着眼睛看着我，张嘴就问我哪儿来的。大体情况此书中肯定也有描述，总之最后结果就是我俩吵翻了。

回去后我左思右想觉得实在气不过，得治治他，我找了我们学校特能喝酒的小崔，派他出动去"灌"王利，我就躲在清华门口的一间门脸房里观察着。我看到王利开着一辆白色吉普车，车停在门口后，蹦下来一个圆鼓鼓的胖子，摇头晃脑地走进了屋。虽然当时不知道他们喝了多少酒，但我知道王利肯定被小崔搞定了。他一边拍着小崔的肩膀一边说："小池这小子我喜欢，以后我就听他的了。"

其实我俩认识这么多年了，后来他确实都是在听我的。虽然第一次见他时他表现得很骄傲，但那时的我也有着大学生的傲气。

王利特别喜欢车，我记得当年我买了一辆奔驰，让王利试驾，他试驾了一圈直冒烟，给我心疼坏了，我说："别把我的奔驰开坏了。"

他说："傻帽，奔驰哪能开坏？"接着又问，"你怎么没上牌子？"

我说："刚提车，过两天就去上牌子交税。"

听完他就上楼让嫂子给我取十几万交税、上牌子。王利就是这么个急脾气，我的事情他比我还着急。

相识这么多年，我们只红过一次脸。记得那会儿我们两个在八大处山上喝茶，喝完茶在山下西贝莜面村喝酒，喝着喝着突然就炸了。他把酒杯一摔，说要跟我绝交，蹦起来就往外走。我赶忙冲上去在门口把他抱住，费了好半天劲才把这胖子拖了回来。我觉得当天我们争吵的事情我没有错，但是我还是向他道了歉。我父亲很赞同我的做法，他说："一生难得遇到一知心朋友，这种情谊是无价的，其实对错并不重要。"

其实可以说十几年过去了，直到今天我才明白，他当时蹦起来跟我翻脸，并不是因错之争，他心中的准绳是兄弟情义无价，情义高于道理。

胖哥王利这人也特别痛快！立思辰公司上市前我找他投资，他只问了两个问题：第一是给他多少额度，第二是资金需要什么时候到位。我回答完，他就取钱。我们成功地赶在中国创业板第一批上市，他也美了好一阵子，这也是10年前的事情了。从我做复印机服务到文件外包再到信息安全事业以及现在的教育事业，这一路他都陪伴我左右，他给予我无条件的信任。

王利是什么人呢？跟他在一起我就特别开心，特别放松，我会忘记工作、疲劳、困惑和其他烦恼。

有一天我俩喝酒喝高兴了，我突然说了一句："这个世界上我最好的朋友排起来，胖哥能排前三。"

为善至乐

——记王利

当时他就噎住了，想了半天没说出话来。因为他的朋友特别多，因为他讲义气，朋友多如牛毛，当然也时常交友不慎。过了好像七八天，他"逮"住我咬着牙说："你排到我生命中前两位！"我听后特别高兴。

我们上市公司的豆神大语文事业，正在探索如何实现中华优秀传统文化的传承与创新，造福每一个孩子。我和王利都认为这项事业有价值、有乐趣、有福报。可能他从我身上看到了比他稍稍年轻的激情，他时不时激励我，说："大语文事业能传承百年，更能流传千古。"

王哥气宇轩昂，情感细腻，常常会因为一些事情掉眼泪，一不留神就会触动他的内心。每当这个时候，我就静静地看着他、陪着他。去年三月我的父亲在三亚离开了我们，王哥来看我，他见到我就紧紧地抱住我，不停掉眼泪，我反过来安慰他，但那时候我的内心反而好受多了。

这两年他待在海南，没怎么回北京，我是真想这个胖哥了。于是，我抽空去三亚跟他待了两天。临走前，他和嫂子请假跑出来陪我一起住在酒店，精心挑选了一个能看超级海景的房间。早上我去机场前，他坐在床角和我聊着天。清晨的三亚，明媚的阳光洒在他的身上，他嘴里叼着一根烟，我看着他发亮的脑门儿和一双炯炯有神的大豆泡眼睛，放射着特别的光芒。聊天时，他格外开心，那种感觉就像他心间永远有快乐的事情。

我提议去吃早饭，他说："酒店的早餐多贵，咱们聊会儿天吧，你去机场贵宾厅吃。"后来我饿得不行，肚子都饿疼了，就去了机场。我知道他不是嫌酒店早餐贵，而是珍惜跟我在一起的快乐时光。我们的聊天特别有趣，我们互相分享内心的喜悦，随着年龄的增长，我想我才开始越来越懂他这个虽没有血缘却和我心相连的胖哥了。

没正形的"北京大爷"

于保宏：北京韦加无人机科技股份有限公司创始人。

1997 年我认识王利时，他在步步高的圈子里的人设已经是一个"北京大爷"了。

第一次见面在他们的广告代理公司，王利正和朋友打着麻将，一边开着玩笑，一边偶尔说几句工作上的事。我是不该说的不说，不该问的不问，不该看的不看，他是嬉笑怒骂，完全没有正形。可是接触半天下来，我就懂得王利的厉害了。他张合有度，看似放荡不羁，实则小心照顾到现场所有人的感受，不装、不作，分寸拿捏得恰到好处，实在太难得了。等我了解了王利是北京顺义农村的，并不是官二代，我这个新北京人就更佩服王利了。这些年游走在央视和企业家之间，他事业有成，享受人生，也结交了很多朋友，他是怎么修炼的呢？

20 多年过去了，初识的佩服已更多转化为羡慕和赏识。王利没正形的背后，我看到了真实、善良、忠厚、智慧。我常想，大爷就是个故事里的角儿，可能他的人设不在这个充满铜臭味儿的时代吧。他任由周围人评说，有滋有味地在江湖中游走，大隐于市，侠肝义胆，放浪形骸。

大爷真性情的桥段，我想一定充斥在他的朋友圈。大爷动情了流泪，失魂落魄；大爷酒喝多了，借酒撒泼，满嘴脏话，动动手也不是没有可能；大爷的牌局不断，周边总围着一群新朋旧友。我曾和大爷二人共饮，从中午喝到晚上，畅快淋漓。喝到尽情时，我仿佛看到一个千金散尽还复来的酒仙。

为善至乐

——记王利

　　大爷坚持的善良信念，是他想让人写一部传记的重要原因。他说他希望自己身后的人生主题是：王利是一个好人。王利舍得为家人、朋友、同事付出，他心存感激地面对身边所有的人。我深深为之感动。王利希望后辈因为他的故事，也愿意去做一个好人。王利总说自己是一个没正形的糙人，但他会认真想一场饭局中每个人应该怎样照顾周全，让所有人都感到舒心。有一次他吃到了富平的柿饼，觉得味美，马上想到要给公司的员工发放。如果不是其内心深处的善良，怎会做得到呢？我们见惯了精致的利己主义，见惯了各种交际技巧，像王利这样的春风化雨、润物无声，却是不多见的。

　　大爷干广告代理出身，一个客户服务了几十年，在圈子里也是"奇葩"一朵。靠的是什么？忠厚！王利对客户有骨灰级的服务意识，在硬广告代理、版面、时段这些常规服务之外，那些软广告、临时的机会、事件营销的服务增值才是他的绝招。我相信广告代理圈对王利代理步步高广告几十年羡慕嫉妒恨，但他们不知道王利抓到一个路牌广告几亿降价的天赐良机不赚差价，只赚一点代理费⋯⋯

　　很多人认为大爷是傻蛋一枚，王利一般情况下也如此自嘲。个别时候他会说谁把大爷当傻蛋谁才是傻蛋。作为朋友我认为王利是有大智慧的人。识人知己！进退自如！游刃有余！王利投资过几个上市公司，都获得了不错的收益。我听王利细聊过处理一项不算成功的投资，其间他对对方的理解、信任、不舍，对自己的剖析详判，善后处理上的留有余地，适可而止的决策过程，令我深深折服。

　　毫无疑问，王利是多面的，是矛盾的，但他一定是生动的，很多时候也是神奇的。去年，王利要过生日，我送了幅字给他，正方的框里，圆形的布局：心有尺规行不乱，意存忠厚气敧平。

希望大爷依旧是大爷，留下更多属于自己的人生故事。

时光不老　我们不散

——记我的老同学王利

田亚非：王利大学同学。

　　王利是我北京邮电大学（1972 年入学时叫北京电信工程学院）的老同学，他是广播事业局（现在的中央广播电视总台）推荐来的。当年他的单位不像现在这么如雷贯耳，也没人把他当明星大腕伺候。我曾经逼问过他是怎么混进国家单位，又被推荐进大学的，他云淡风轻的答复让我坚信他或许真的是走了狗屎运，在 20 世纪 70 年代从一贫如洗的穷山沟一跃来到北京城区并成了我的同学。

　　上学时我与王利的接触并不是很多，用他的话是：你们高干子女压根就不稀罕搭理我们。天地良心呀！当年 18 岁的我可从未这么想过，否则我们的友谊也不可能持续 50 多年。在班里无论学习还是生活他从来都不是焦点，平日里总是穿着一件领子洗得发白的蓝布褂子和一双旧片儿鞋。冬天则穿件空心老棉袄。印象中他脸上总是挂着憨厚的笑容，属于在人堆里很不起眼的类型。他为人低调，从不掺和同学间的矛盾纷争，总是游走在各种"派系"之外独善其身，因而人缘不错。至少没有像我等年少轻狂，疾恶如仇。

　　那个年代老百姓还很穷，班里同学每月有十几元的伙食费，其余花销都需家里补贴。王利家在农村，其生活的拮据与清贫

·217·

为 善 至 乐
——记王利

可想而知。而他生性仗义豪爽，遇事总爱打肿脸充胖子。某周末打算去前门逛逛，结果被一外地同学尾随，偏要跟着去。吃饭时王利装大个儿请客，可兜里银子有限，他边点菜边算计着回程的车票钱，结果终于吃净兜里的最后一分钱。尽管没钱乘公交返校，可这面子绝不能栽，他谎称还有别的事情让同学先走，而自己花了两个多小时从前门吭哧吭哧走回位于学院路的学校！死要面子活受罪说的就是他！还有一次王同学揣着钱打算去买双拖鞋，路上听说有同学病了便买了水果前去探望，结果鞋变成了慰问品，他笑呵呵地趿拉着旧拖鞋在宿舍里晃悠。

在学校，他喜欢一个名叫小付的女同学，那年月男生追女生比现在矜持得多，简直就是迂腐，别说拉手了，连婉言表白都难以启齿。据王利"坦白"，他对小付的好感源于一次背水泥的劳动。当时王利为了逞能已经背上五袋水泥后还要求再加一袋（每袋一百斤），被小付及时制止了。为了表示好感，他不时偷偷给付同学带些老家的土特产，小付也回报些粉丝啥的，可王利就是没有捅破那层窗户纸，三年同窗竟然没有任何进展！两个人阴错阳差，有缘无分。

三年的大学时光一晃而过，毕业后同学们各奔东西，成家立业，为生计奔忙，少有联络。后来听说他已经从单位退了休，生意做得风生水起。

虽然他早已是事业有成的商业精英，可在我们同学的眼里，他依然是那个青涩实诚的王利。我们同学之间从来是只叙友情，不谈生意。我至今都不知道他涉足的是哪些领域。无论何时见面他一点都没有大老板的范儿，大家对他也还像在学校那样直呼其名。他穿戴随意，脸上总是挂着与年轻时一样憨厚的笑容。他一开口说话准会插科打诨，貌似不正经，却时时照顾到现场的气氛和每个人的感受。最不靠谱的是他居然和我一样是个超级路痴！早年王利经常开着大奔迷失在老北京的大街小巷，害得我们在订好的餐馆里苦苦等他，令我这个一贯守时的"武夫"怒火中烧！尽管王利同学看着没正形，但凡有正事他可从不含糊。无论是学校的校庆，还是班里的聚会，他总是第一个捐款，并且数额最大。外地同学来北京看病，他总驱车看望并带上一个大红包去慰问。每次聚餐他都抢先买单绝不让别的同学得手。

郭双喜同学老家在山西农村，毕业后在当地电信局工作，是多年的劳模，因积劳成疾病逝。王利与班里几个同学跋山涉水，专程去郭同学的老家慰问祭奠，把郭同学的亲属们感动得热泪盈眶。任击坤同学毕业后复员回了山东老家，前些年患肾病一直在透析，王利得知后带着几个同学驱车数百里前去山东探望。当有同学提议凑钱捐助时，又是王利一马当先、慷慨解囊。归来谈及此事他仍泪眼潸然、无限感伤。他常说："同学们能花上我的钱是我的幸福！"

王利六十岁生日时我们受邀参加了他的生日宴，尽管他多次表示绝不收礼，我们班同学还是满怀深情地为他准备了一份薄礼：一个纯金的寿桃。在贺卡上只有一行字，却是我们的肺腑之言：王利同学，我们爱你（这么酸的话也只有我敢写）！在宴席上王利含泪述说了早年他生意失败、一贫如洗，决意与发妻离婚，而妻不离不弃的故事。今日站在王利身旁的依然是几十年相濡以沫的发妻。

2019年5月王利紧急招呼我们几个同学，鉴于同学们年纪都不小了，且每年都有同学离世，他建议尽快组织一次全班聚会，外地同学能来的尽量来，所有费用由他负责，一再嘱托老同学见一面不容易，要把活动办好。

所以在毕业44年后我们二十多个同学又从四面八方相聚在北京，王利同学的欢迎致辞一如既往的"不正经"，既深情款

为善至乐
——记王利

款，又情谊满满！在短短三天时间里，我们这群白发老人重新回到学生时光，一起登长城，逛世园，一起嬉笑怒骂，追忆往事；一起对酒当歌，共叙友情。我们心里有个共同的心声：王利兄弟，如同你对我们的深情厚谊，44 年来我们也一直深爱着你！世界上没有无缘无故的成功，我们为你事业的蒸蒸日上而骄傲！我们敬重你、感谢你！

后来听说王利是王阳明的后裔，我终于找到了他成功的答案，王阳明知行合一的强大基因！

我与王利同窗 3 年，相识相知 50 多年，平时几乎不联系，但只要他一召唤，我是招之即来，来之能战，战之必胜。这既是我们俩相处的方式，亦是我回报他的方式。仔细思量，王利于我既不似兄长，亦不似朋友，更不是生意伙伴。在我心里他一直是那个从农村出发的 20 岁的纯朴青年！他一直是我可以信赖，甘愿为他全力相助、两肋插刀的那个家伙！

岁月荏苒，物是人非。50 多年一晃而过，我们均已步入老年。在人生这趟单程列车上，太多人走着走着就变了，太多人走着走着就散了。幸运的是王利没变，我没变！那些往事早已镌刻在我们的生命中，温暖着每一个薄凉的日子，足以让漫长的余生去追忆、思念。待到有一天，岁月的风吹老了我们的容颜，吹瘦了我们的思念，我们还能循着曾经的足迹，走进往事，找回昨天。

青山在，人未老，同学情，永不忘。

时光不老，我们不散！

后　记

王利是我几十年的朋友，也是一个让我敬重的兄长。

在我的印象里，他是一个很普通的人。论经历，没有什么吸人眼球的业绩，拿他的话说，最大的级别就是科级，还是副的；论背景，往远说明朝时期的王阳明是其祖上，但他的爷爷、父亲都是北京市顺义区地地道道的农民；论学识，运气好当过工农兵大学生，知识顶多一瓶不满、半瓶子晃荡；论相貌，谈不上英俊，更别说潇洒，顶多就是一个微笑常年挂在脸上，看似有点福缘的胖子。

可就是这么一个人，他定要给自己写一本书。他多次扯着我，说他的故事如果写好了，"可有教育意义了"。突然，我想起王利的老朋友、中央电视台著名播音员邢质斌曾经对王利说："王利，你有什么好写的呢？"于是，我就眯着眼，认真地问他："说说看，你让我写你什么呢？"

令我意想不到的是，这一说，这一看，我眼前的王利有味道了，我认识多年的兄长变得高大起来，不由得让我重新去审视他了。凭我多年的写作经验，我意识到，除了我和他个人的情感，这个人不一般，值得写。

究竟怎么写，让我费尽了周折，也让我这个从不失眠的人，多次失眠。

为善至乐

——记王利

　　我开始物色执笔人。原以为已有一盘王利自述的录音带，只要找准了人、把准了脉，这个事情会一蹴而就。可谁知，我一开始选的名头响的、专业强的、耗时长的搞出来的文字，却让王利失望至极，多次用很无奈的眼神看着我，让我几度失眠。好在后来物色的名不见经传、临危受命的兄弟玩命赶出来的稿子，却让王利这个饱经风霜的汉子看了以后为之动容，连说："不错，不错！像我，像我！"

　　我长嘘了一口气，从此失眠离我而去。

　　之后，我把自己关在海南岛十几天，对王利这本书进行统稿，又多次就书中的内容与王利见面、对话。我对所有标题进行推敲梳理，对所有文字进行润色把关，特别是用王利传承的"至诚、至孝、至善"的祖训贯通全稿，用他引以为傲的"吃亏是福"涵盖了他的人生轨迹。

　　我之所以关注这本书，不仅是因为王利是我的朋友，我有义务帮他完成心愿，而是观其人生轨迹所体现出来的世界观、人生观、价值观，对当今构建社会主义和谐社会都具有一定的教育意义。他所遵循的孝悌文化，让家人、邻里相处和睦，这不正是社会主义和谐社会的典型缩影吗？他所坚守的诚信文化，多年来努力营造出来的企业利益观，不正是社会主义和谐社会所提倡的"双赢、互利"理念的具体体现吗？他所追求的为善品质，以助人、帮人为乐，不正是社会主义和谐价值观的生动写照吗？

　　我思索着、感受着，亦深情地用文字表达着，努力把王利的故事讲好，把他身上的优秀品质传递出来。当所有这一切都做完了之后，我突然想起，他的好友、我国著名的心理学家杨凤池先生，曾经这样对我说："王利是奇人，是傻人，是俗人，但又是仁者，是孝者，是信者，他智慧而又仗义，长情而又细腻。"其实，这几个层面叠加起来，就是活生生的王利。而王利一生的贵人段永平先生说他"大智若愚"，我想，这就是顶级的评价了。行文至此，情已至深。不论是本书中出现的友人，还是生活中陪伴着他的亲人，他们发自心底做出的这些评价，对王利来说就是四个字：实至名归。

最后，我想感谢为本书成稿作出贡献的每一个人。感谢中国作家协会会员、《中国作家》副主编王青凤先生，亲赴海南和王利的老家做追踪采访，为本书提供了线索和片花；感谢中国著名心理学家、全国心理卫生学科学传播首席专家、北京心理卫生协会理事长杨凤池，专程对王利进行采访录音，为本书提供了非常有价值的第一手素材，并在书稿成形后又提出中肯的修改意见；感谢重庆市房地产商会秘书长刘蓉蓉女士及工作人员，将几十个小时的访谈录音及十多万字的底稿，整理成便于阅读及编辑的文字，为此书付出了艰辛努力。特别感谢郭小毅先生，虽年过七旬，仍临危受命，作为本书主要执笔人之一，不辞辛苦，夜以继日，书写下十多万字，可谓劳苦功高；感谢张楠先生，在繁忙的工作之余，担此重任，作为本书另一位执笔人，夙兴夜寐、熬更守夜地加班赶稿，年纪轻轻头发掉落了大把，但无怨无悔，不辞辛苦，最终圆满完成了写作。

其实，我想说的是，参与此书创作中的每一个人都应感谢王利。感谢他为我们打开视野，让我们了解到身边还有这样一个品格高尚、值得回味的人；感谢他声情并茂地将自己一生最珍视的故事、心底最真挚的感情讲给我们听，使我们成为感知他精神境界的第一批人；感谢他毫无保留地将自己的故事和情感付诸文字，立志将这些优秀的精神财富更好地传承，更广泛

为 善 至 乐
　　——记王利

地传播，以帮助、引导在茫茫世界中寻找正确方向的人们。

　　王利修身立德，为善至乐。助其修成此书，亦是我等之幸事。

　　是为后记。

　　　　　　　　　中国社会福利与养老服务协会副会长郭小忠

　　　　　　　　　2023 年 5 月 5 日